JESUS > RELIGION

我熱愛耶穌，為什麼卻討厭宗教？

耶穌比宗教大

Why He Is So Much Better Than Trying Harder, Doing More, and Being Good Enough

Jefferson Bethke 傑弗森・貝斯奇—著 朱怡康—譯

各界讚譽

傑弗遜．貝斯齊是個領袖型的人物，這位年輕人的話語，打動了熱情追求真理的同輩人。本書提供了一個機會，讓你重新發現和耶穌的真正關係應該是什麼樣子。準備好開始一段意想不到的旅程了嗎？請把安全帶扣好，上路吧！不論你幾歲，這本書都將開闊你的視野、加深你的信仰，讓你更想追隨那有史以來最偉大的領袖。

——**麥可．赫卡比**（Mike Huckabee），**前阿肯色州州長、知名節目主持人**

這本書能啟發你思考。作者所問的問題，都是你在人生中必須回答的問題。如果你喜歡思考、問問題，或是正在追求什麼，請拿起這本書看吧！從頭到尾好好讀一遍。那些發人深省的段落，一定會深深觸動你的心。

——**安．福斯坎**（Ann Voskamp），**暢銷書《一千次感謝》**（*One Thousand Gifts*）**作者**

這本書引領我認識、思考在基督裡生活的自由。傑弗遜不多談教理與規則，直接用聖經原則帶領我們認識耶穌。

——**里卡多．卡卡**（Ricardo Kaka），**足球明星、皇家馬德里隊中鋒**

看傑夫的書，會讓你不禁停下來傾聽內心深處的聲音，不受宗教噪音的干擾。請好好聽聽那個聲音，跟著它走：那是耶穌的腳步聲。

——**鮑伯．高夫**（Bob Goff），**《紐約時報》暢銷書作者**

耶穌是福音的焦點，更是基督宗教的核心與本質。因此，我非常高興作者投注了無比熱情，讓耶穌重新成為中心。讀他的書時，你很難不重新反省以往的偏見、習俗與傳統，在此同時，你也將深深愛上耶穌。

——**猶大・史密斯**（Judah Smith），**西雅圖城市教會**（The City Church）**主任牧師**

領袖氣質與年齡無關。一個人的貢獻不只取決於成長時做了什麼，也取決於年輕時是個怎麼樣的人。傑弗遜・貝斯齊雖然才廿三歲，卻引領了下一代領袖的風格。他對信仰坦率而清新的態度，讓本書成為所有想與耶穌建立真正關係的人的必讀之書。

——**布拉德・羅米尼克**（Brad Lomenick），**感召力教會領袖培育中心**（Catalyst）**主任**

傑弗遜坦誠分享了他的心聲，雖然單純，卻也驚人。單純，是因為他直率地呈現了真理；驚人，是因為他讓我們恍然大悟：原來我們這些教會中人，在真理上添加了這麼多東西，還誤以為那是福音。他的聲音不容忽視。

——**雪菈・華爾許**（Sheila Walsh），**知名作家、演說家**

傑弗遜成功地為X世代與Y世代搭起橋樑。他沒有重新詮釋聖經，但在他另闢蹊徑、以日常口語及生活經驗來回答生命裡的大哉問時，他的文字仍帶有聖經之風。本書的議題雖然有些尖銳，卻巧妙地平衡了真理與恩典。這是一本適合Y世代的書，衷心希望閱讀這本書的人，能比上Youtube點閱他的影片的人更多。

——**坎迪斯・卡梅隆・布雷**（Candace Cameron Bure），**演員、《紐約時報》暢銷書作家**

傑弗遜・貝斯齊以全新的方式訴說真理，在本書中，他明確傳達了耶穌的信息有多單純。如果您真的想認識耶穌的樣貌、想瞭解他的信息，這本書不可不讀。

——**克雷格・格羅斯**（Craig Gross），**知名宗教網站** xxxchurch.com **創辦人**

傑弗遜認識上主，深愛祂、敬畏祂，也比任何人都想讓祂歡喜。無論他談話、寫作，或是寫饒舌詩，你都能感受到他對上主的愛。他見到了神，也想讓每一個人都見到祂、相信祂、敬畏祂。讀了他的生命故事之後，我變得更加愛神。我也深切祈求：在你讀過這本書之後，也能更認識神、更愛神。

——**珍妮・艾倫**（Jennie Allen），**心靈作家**

傑夫是位我想結識的友善基督徒。他對聖經的認識與智慧，忠實反映了他多愛耶穌！他擅於分辨，也寫出了一部深具洞見的作品，讓我更瞭解神的話語，更大大增長了我對造物主的愛。這本書既適合現代社會、又有聖經基礎，傑夫的見證讓讀者能在生活中輕易發現神的美善！

——**蘭德里・費爾**（Landry Fields），**NBA 球星、多倫多暴龍隊小前鋒**

基督徒常睜一隻眼看罪，閉一隻眼不看宗教。在這本書中，傑弗遜告訴我們睜開雙眼的喜樂——這樣才能更深刻地跟隨耶穌。——**馬可・德里斯科爾**（Mark Driscoll），**牧師、馬爾斯山教會**（Mars Hill Church）**創辦人**

我原本應該會討厭這本書，因為我覺得「宗教」是個有聖經基礎的好字眼，也認為不信任教會、強調教會的缺失，是傳福音過程中的大罪。可是，我喜歡這本書，也喜歡這位作者，因為傑弗遜把我們的注意力轉向耶穌，不將耶穌當成體系或標誌，而是讓我們看到耶穌這個「人」。在此同時，他也以清新、豐沛的力量，將我們帶進教會，而非帶離教會。如果你厭倦了蒼白、冰冷的宗教，請來看看這本充滿活力的書，它會讓你認識全新、活生生的基督。

——**羅素・摩爾**（Russell D. Moore），**美南浸信會倫理暨宗教自由委員會主席**

在這本書中，作者輕輕揭開了帷幕，讓我們看見重視宗教勝於關係的危險。傑弗遜以勇敢、誠實、真誠的態度，帶我們離開廉價、膚淺的「靈性」，真正獲得耶穌給我們每一個人的生命。個人認為，對於這本書的討論還會延續很多年。

——**皮特・威爾森**（Pete Wilson），**牧師、靈性成長書作者**

就我看來，傑弗遜・貝斯齊是這個時代的領袖。上主顯然看顧著他，我也相信他是他的世代之聲。我相信耶穌藉著聖靈給了他恩典，讓他能向不去教會、脫離教會、甚至超越教會的人解釋福音的真諦。西方宗教長年以來累積了太多糟粕，早就該清理乾淨，因為它們讓大家難以認識耶穌、珍惜耶穌、為耶穌而興奮。請讀這本書，想想是哪些東西鳩佔鵲巢，阻擋了你好好認識耶穌的機會。

——**艾瑞克・梅森**（Eric Mason），**作家、主顯同工會**（Epiphany Fellowship）**牧師**

本書可謂唐納德・米勒《上帝的爵士樂》、C.S. 路易斯《返璞歸真》以及奧古斯丁《懺悔錄》的綜合體，勢將引領一整個世代走向耶穌及他的恩典。

——**德爾文・格雷**（Derwin L. Gray），**轉化教會**（Transformation Church）**主任牧師**

傑夫的勁爆影片吸引了眾多受夠了宗教道德教條、不滿宗教以外在表現來評判人的人。他的這本書談得更深，也更仔細地討論上主透過耶穌基督賜給罪人的恩典。傑夫個人深刻的成長故事，能讓我們離開自以為是的宗教所造成的絕望，在耶穌裡獲得希望、意義與恩典。如果您也渴求更豐富的生命，這本書一定能讓您有所共鳴。

——**賈斯汀・霍爾康柏**（Justin Holcomb），**復興事工執行理事、馬爾斯山教會牧師**

目錄

專文推薦

固守耶穌的話，認識真理而獲得真自由

張日亮

根據〈若望福音〉的記載，「耶穌對那些信他的猶太人說：你們如果固守我的話，就確是我的門徒，也會認識真理，而真理必會使你們獲得自由。」（若八31－32）用以上這段話來描寫作者傑弗森・貝斯齊的心路歷程可說是鑾貼切的。

貝斯齊試著從平信徒的觀點，來檢視他從小所信仰的宗教內涵，並試著從自己的親身經驗來與內在的心靈世界對話。作為一個平信徒，或套句現代的流行語「素人」基督徒，從自身參與教會的經驗，由滿足外在的形式，諸如上教堂、參加讀經班、不碰酒精、批評同性戀等等，同時面對現實世界人的軟弱與困難，造成內心的拉扯與衝突，尤其舉出母親親口告訴他自己是同性戀時，接納親情與遵守教條二者的衝擊實例，開始對教會失望，採取了自我放逐、日漸墮落、追求情欲，卻又經歷到內心徹底的空虛，在一切的自我防備都卸下後，聆聽內心的呼喚，轉而回到聖經本身。

貝斯齊再一次回去讀聖經，讓聖言本身如實呈現，除去教條、教規與講道者詮釋聖經的影響，加上自己的人生閱歷，突然對耶穌的話語有了全然不同的體會。瞭解耶穌的話直指人心，充滿接納、愛、關懷與慈悲，強調天父對人的包容與無條件的愛，遠甚過對犯罪行為之人的指責、排斥與批判。

貝斯齊對於其所信仰基督宗教的描述，讓筆者聯想另一段聖經，「耶穌說：禍哉，你們這些法學士！因為你們加給人不堪負荷的重擔，而你們自己對這重擔連一個指頭也不肯動一下。」（路十一46）令人諷刺的是，當年耶穌所嚴厲批判的法利賽人，如今卻以基督徒的面貌呈現，加給那些離婚、同性戀者、犯罪者難以承受的負擔。

作者體會到必須回復聖經中耶穌的本來面目，他是來召喚罪人而不是義人，透過自我的十字架犧牲是來成全律法而不是廢除，並在在彰顯天父愛的面容，遠勝過判人是非法官的角色。

對於那些對基督宗教徹底感到失望的基督徒，本書提供另一個出路。回到聖經本身，回到耶穌本身，讓耶穌的話語，讓耶穌的作為，過濾掉宗教信仰中屬人而不屬靈的各種事物，重新拾回耶穌所願意我們擁有的真自由，因為耶穌比宗教還大。

（本文作者為天主教輔仁中學校長）

專文推薦

信仰離生活有多遠？

管中祥

有些牧師經常會在主日崇拜講道時，提醒大家不要當一個只會到教會「坐」禮拜的基督徒。這樣的話語，從小到大聽無數個牧師說過，顯然，這是教會普遍又「長」見的現象。

牧師們不厭其煩地諄諄教誨，是為了要告訴大家信仰與生活必須合而為一，到教會是要「作」禮拜敬拜上帝，與神親近，而不是要當只會「坐」禮拜的形式主義者，或者，像是個有口無心的唸經小和尚。

大大小小、老老少少，不分教派的牧師都喜歡舉這個例子，可見許多人的信仰與生活是有點距離，而且還被框限在「教會」的條條框框的形式裡。

教會是個「與喜樂的人同樂、與哀哭的人同哭」的溫暖所在，這也是許多人喜歡到教會的原因，教會不但給你安慰，也會告訴你人生的方向。

但即時如此，有些牧者或會友的言行也會讓人對教會失望，甚至因此想離開教會、離開基督教。看到這種狀況，總是讓我疑惑：你究竟信的是上帝？還是教會？就算你是因為某些人才接觸到信仰，但要信的應該是上帝、是耶穌，而不是人吧？

教會畢竟是人的組成，維持運作的方式除了人為的組織結構，還有高道德的信仰價值，但也因為這個道德是有「高度」的，人們若不能真的承認自己的軟弱，把一切交給上帝，只是靠著規範「硬撐」，受到的檢驗與質疑也會格外地強烈，而當你把信仰建立在這種虛無飄渺的道德基礎上，其實，這樣的信仰是十分脆弱的。

我也蠻討厭聽到「信仰與生活」這樣的講題，因為「信仰」和「生活」本來就該一體，這樣說，不就是意味著兩者實則分離？對許多基督徒來說恐怕真是這樣，信仰與生活相隔十分遙遠，所以才要時時提醒，但更慘的是，我們自以為信仰與生活其實很貼近。

記得有一回，我擔任「華人流行福音音樂詞曲大賽」的評審，來自台灣各地的幾十個隊伍熱烈參與，讓人相當感動。我仔細地聆聽每個音符，認真地看著每句歌詞，越聽、越看，卻覺得越奇怪。因為大部分參賽作品的曲調並不怎麼「流行」，反而像是教會裡常唱的敬拜讚美歌曲，歌詞看起來也不怎麼「福音」，因為大多數是「讚美」、「羔羊」、「靈裡」等教會裡的慣用語。沒有故事、沒有情節，只有華麗的「屬靈」辭藻，缺乏能讓人共鳴的生活經驗。

這讓我百思不得其解，不是說好了是華人「流行」「福音」音樂嗎？為什麼距離大家的生活那麼遙遠？不是應該唱出社會的流行曲調，怎麼只是哼著教會裡流行的旋律？難道，大家真以教會就是社會？還是真不知道教會離社會其實很遙遠？

世界上最遙遠距離是教會以為和社會很近，但卻不知道正逐漸遠離。

所以，我常在想，如果一個教會在社區裡待了三、四十年，假使有天它搬走了，社區裡的居民卻可有可無，甚至無感覺，這個教會存在於社會的意義是什麼？

《耶穌比宗教大》是一本很有意思的書，作者用幽默的文字凸顯了教會在信仰裡的荒謬之處，乍看之下，似乎是要挑戰主流的基督教價值，但其實是要我們看到「信仰」的窘境，我們可以試著反省信仰如何和生活真正鑲嵌為一體。

（本文作者為中正大學傳播系副教授）

專文推薦

讓耶穌完成你生命中的美好計畫

銀色快手

甫接到編輯寄來的稿件，心中甚是惶恐，怕不能勝任提筆作序這項重責大任，為什麼會產生這樣的想法呢？原因在於自身對於基督信仰仍有許多不明白的地方，更遑論替讀者諸君引薦這部極具震撼性、帶著衝擊性的作品，又深覺有義務要把好消息傳給更多的人，吸引更多心裡願意聽、大腦願意想的朋友，好好地去思索耶穌存在於這個時代的意義為何，我們有太多的疑惑需要從祂身上獲得答案。

假使我們的生命沒有耶穌而得完全，難免會在諸多試探和磨難中跌倒，失卻信心和生存的勇氣，而耶穌說，祂是要來醫治人心的，要來赦免一切不潔之罪，讓心靈得到真正的自由。聖經上的諄諄教誨，身為迷途羔羊的我們認真聽進去了嗎？

明明喜愛耶穌卻討厭宗教，感覺像是極為矛盾互斥的兩件事，想必傑夫初次在Youtube 上傳影片，發表他對耶穌的看法，肯定引起不少爭議吧。習以為常的教會生活似乎箝制了人們對於宗教的反思，而宗教本身發展至此，似乎已經到了無可挽回的瓶頸之地，現在是該有人來重新帶領我們去思考宗教的本質為何，重新去認識基督耶穌傳給我們的福音裡面究竟藏著什麼重要的訊息。

很多人問過我：「你的夢想是什麼？」也有許多朋友會在臉書上寫著給自己加油打氣的話語，最常看到的是希望能夠「做自己」。聽起來好像有點空泛，什麼是「做自己」呢？是成為自己理想中的模樣，還是我行我素、不管他人的想法呢？

不管是哪一個，如果沒有真正認識耶穌，明白祂在我們人生中扮演的重要角色，瞭解祂在我們身上個別的計畫，那麼就不可能真的「做自己」，只會變成欲望的奴隸，或是自以為是的蠢傢伙。因為我們看重的是世俗觀點中的標準和價值，並非我們在神的眼中真實的模樣，但耶穌知道一切的計畫，祂知道自宇宙渾沌初生、開天闢地以來，直到世界終結為止所有的進程。人們口中的善行偉業，在神的面前不過是件污穢的衣裳，而我們應該怎麼做，才能得到救贖、免除各種試煉帶來的痛苦和恐懼呢？

作者以他風格鮮明的文字，在書中點出現行宗教體制存在的許多盲點，以及容易被一般人忽略的深刻反省，像是「宗教為何會導致戰爭？」、「教會可以建大教堂，卻不能餵養窮人」、「宗教會宣講恩典，所做的卻是另一回事」。

如果宗教不能解決問題，無異於噴在棺木上的香水，只是虛有其表的行為粉飾，完全觸及不到問題的真實核心；許多人只在教會儀式上做基督徒，日常生活上經常言行不一致，做出完全不像是一個基督徒應有的作為，白天去教會作禮拜，晚上卻出入酒吧夜店，縱情聲色和享樂，就算把聖經背到滾瓜爛熟那又如何？只不過是形式上的空殼，全然看不見靈性的成長。

傑夫並進一步指出「宗教」和「耶穌」的差異：「宗教給人束縛，耶穌卻是教人得自由」、「宗教令人盲目，耶穌卻讓人看見」、「宗教是以人為中心，耶穌是以神為中心」、「宗教是去尋求神，信耶穌是神來尋找人」。因為耶穌替我們在十字架上受罪，因為耶穌為我們背負沉重的軛，因為耶穌深愛著每一個人，所以耶穌是我們和天國之間的橋樑，是痛苦和憂傷時得以受醫治的病院，我們應該做的就是要追隨祂、學祂的樣式，分享祂滿滿的愛，給予更多需要的人。

我們知道有耶穌同行的日子，常有喜樂在我們之中。

你現在人在哪裡？做什麼工作？佔據著什麼位置？還有夢想嗎？有幾個可以談心的好朋友？生日的時候誰會為你慶祝？跨年之夜跟誰一起許下未來的願望？有沒有人值得你想念？走頭無路的時候有沒有人拉你一把？別說你迷了路，不爭氣地掉下眼淚。沒有人看見柏油路的縫隙裡一朵小花開了，沒有人聽見冬夜裡下的第一場雪。

知道嗎？其實你並不孤獨。有位又真又活的神，在兩千年前就思考過所有的問題，並且願意成為你的朋友、你的家人、你唯一的導師，在你需要的時候給予溫暖，在寒夜裡緊緊地擁抱你，當你前進時，為你點亮你腳前的燈。

這就是耶穌，祂早已認識我們，而我們都是神的孩子，領受著豐盛的祝福。

只要願意尋找，就必尋見！

讓我們透過這本書，重新和耶穌建立新的連結。讓祂在我們的生命中作主，完成美好的計畫，過著愉快又充實的人生，直至進入神的國度。

（本文作者為荒野夢二書店主人）

專文推薦

一本信仰耶穌基督過程的好書

盧俊義

教會不是建築物，而是人。
教會不是無生命的空間，而是活生生的有機體。

讀到作者傑弗森・貝斯齊所寫這本《耶穌比宗教大》書中的話，很快使我想起有一年我參加所屬長老教會總會，用很長時間在討論「什麼是『教會』」這個議題。之所以會討論這個議案，是因為當時每年從神學院畢業的傳道者少，而卻有許多機構，包括學校、醫院、社服機構、校園學生團契等都需要專任傳道者投入，但礙於總會有明確規定：傳道師需要至少在「地方教會」牧養兩年以上，且通過「牧師」資格考試之後才可以到機構去服務。有些教會代表希望能修改這條規定，因此提案到總會年會來討論，結果是討論了大半天，都是繞在「教會」這個名詞的解釋上。

後來主持會議的議長裁定停止討論，只有提議才可以發言。這時，有一位年輕的議員舉手提議說：「屋頂上有十字架的，就是『教會』。」當此議一出，隨即獲得甚多議員紛紛舉手表示「附議」。於是很快就通過了這議案。但就在議長宣佈要將表決結果列入記錄時，有位年老的長老突然舉手要求議長讓他針對此議講一句話。徵詢過所有議員的同意後，這位年長的長老站起來這樣說：「我同意『教會』就是屋頂上有十字架的。但這種房子『墓仔埔』最多。」

結果許多原本看似準備要離開議場的議員，都因這位年長議員的話而安靜地坐了下來，整個會場突然靜默不語，沒有人講話。這時議長宣佈：「議事錄暫且停止宣讀。大家今晚好好省思一下，明天才再來討論看怎樣做成決定。」然後他帶大家一起禱告後，宣告休會。

傑夫（作者的小名）在這本《耶穌比宗教大》書中，分成十章，主要在討論一個主軸問題：真實的基督信仰應該有的樣式。他從個人的信仰經歷述說開始，從他小時候上教會，到離開信仰，然後重新回來認真追求，並且親身體會到真實信仰對他的生命帶來的影響和意義。書中提到許多現有基督教會扭曲了真實信仰意義的實例。就像他所說的：「我們確實是用自己發明的耶穌，取代了那個真實的耶穌。」從這句話就可以看出傑夫確實做了許多信仰反省，也批判了現有基督教會存在錯誤的信仰現象。

就像作者所說的，他不是神學家，也不是牧師，但書中一再舉出他對聖經的觀點和瞭解，而他的見解，比起我們身為傳道者的看法更貼近聖經的本意。就像他在書中提到的問題：「到底從什麼時候開始，『討厭同志』、『不喝酒』、『不刺青』等這些東西，竟然變成基督宗教的核心價值？」他強調這就是教會的錯！很有意思的是，例如他認為不應該把音樂、藝術、文學等這些作品特別給予歸類為屬於基督宗教的，應該要把「基督宗教」的字眼拿掉，在他的觀點裡，任何能感動人心的作品，都有上帝特別的用意在其中，那是上帝在對人啟示、講話的一種方式。但往往因為這些宗教字眼反而將上帝對人的啟示恩典給遮蓋了起來。

在這本書中，傑夫用極大篇幅在討論基督教會最大的癥結，就是把信仰給予「宗教化」，這樣反而讓基督徒感受不到生命的真諦。特別是他在書中指出今天的基督教會就是因為已經「宗教化」了，才會想盡辦法為了要吸引更多人進入教會，卻教導出錯誤的信仰認知。他清楚地指出：

耶穌應許的不是世俗的成功，而是他自己；

耶穌應許的不是富裕，而是在他之內的富裕；
耶穌應許的不是一帆風順，而是與我們同在。

另一方面，他也指出今天基督教會真正的問題，是將耶穌「聖誕老人」化了，只想要向耶穌要東西，或是期待耶穌聽人祈禱之後，就會賞賜給人所需要的東西，而這種現象也是今天在台灣經常看見的現象，總讓人以為信耶穌，你的困難、欠缺都會得到滿足，就像有的基督教會告訴信徒有信心就會撿到鑽石，或是生病時只要虔誠地向耶穌祈禱就會得到痊癒等等，其實，這是非常錯誤的信仰認知。就像他在書中結尾時所說的：

教會是讓人坦承脆弱的地方，
教會是讓人拿下面具的地方，
教會是讓你做自己的地方。

他說教會不應該是「一座好人博物館」，而應該是「一所收容破碎之人的醫院」，因為屬於耶穌的教會，並不是在「炫耀他出色的員工」，而是要「醫治受傷的兒女」。這也是我一再強調的，認識耶穌基督，應該是從人生命的苦難開始，若是沒有這樣的認識，就很難進入基督宗教信仰的門道。

這是一本認識基督宗教信仰的好書，特別用在教會小組或團契中，當作讀書分享、討論信仰的好教材。

（本文作者為台灣基督長老教會牧師、和信治癌中心醫院宗教師）

獻給愛妻艾莉莎，
妳的寬容與鼓勵
讓本書得以問世，
我永遠感謝妳！

作者的話

本書可供多種用途，希望它能激勵你，讓你離耶穌更近一些。

如果你希望邊讀邊與人對話，可以從教會、學校或工作的地方找些朋友一起讀，每章的章末都有問題討論可供參考，讓大家進行更深的討論。

討論過程請務必保持禮貌、謙卑與求知的態度，畢竟我們都是伙伴，一同走在追求真理的路上。在路的盡頭，你將見到的不是抽象的概念，而是一位手上有傷疤、頭上戴王冠的人。

前言

為何我討厭宗教卻熱愛耶穌

Why I Hate Religion But Love Jesus

假如我告訴你：

耶穌是來廢除宗教的；

他的使命不是叫你去投共和黨；

成為基督徒並不等於擁有宗教權柄；

說別人盲目，並不表示你就能得到光明；

那麼，你會怎麼想？

我想問的是：

如果宗教這麼偉大，為什麼它引發了這麼多戰爭？

為什麼它能蓋巨型教堂，卻無法餵養窮人？

為什麼只因為離婚成了單親媽媽，它就說上帝不愛她們？

而且舊約裡，神還把那些宗教人士斥為娼妓呢！

聽起來有點刺耳，我知道，但我剛寫下這些句子時，並不覺得有什麼問題。後果我把它拍成影片，上傳到 YouTube，短短兩天不到，居然有將近七百萬人點了這段短片來看，我發現這些話引起的共鳴，原來一點也不少。

這段短片是我最好的朋友幫忙拍的，用的是專業器材，但我們當初只是覺得這很好玩，把我寫的詩拍成影片挺有趣的，沒想到它一夕爆紅。剛開始我很興奮，因為自己也晉身「網路名人」了。但沒過多久，我嚇到了。

電子信件、訊息、詢問蜂擁而來，幾乎超過我的負荷。差不多有整整一個禮拜，我發現到處都是自己的新聞：《華爾街日報》（*Wall Street Journal*）、《赫芬頓郵報》（*Huffington Post*）、Yahoo 新聞、《華爾街郵報》（*Washington Post*）、《紐約時報》（*New York Times*）、「CBS 晨間節目」（CBS Morning Show）、「格林．貝克時間」（Glenn Beck），一大堆媒體訪問我，其他媒體也大幅報導了那段影片。有位 YouTube 員工表示，像這種較嚴肅、還關於耶穌的影片，通常不會那麼紅的。但連在推特上，這段影片都引發熱烈討論一段時間。不久之後，電子信件開始湧進來了：

> 哈囉，傑夫，我叫蘿菈。寫這封信是想跟你說我太感謝你的影片了！我一直在跟毒品、性愛、自殺念頭纏鬥，從我七歲那年被強暴之後，就一直覺得自己不夠好，無論在哪裡都沒有歸屬感。我從小就知道有神，但我一直把祂當成一種人人崇拜的神秘東西，如此而已。

有一天我終於覺得受夠了，想一放學就自殺。那一整天，我滿腦子都在想該做個了斷、不想再煩心了。放學回家的路上，我最後一次上臉書，剛好看到朋友轉貼你那段「為什麼我討厭宗教卻熱愛耶穌」，我想反正都要死了，點開看看也無妨。結果我一看就掉淚，因為它讓我剎時明白：我不完美也沒關係，有個地方會接納我的。

你的影片給了我走下去的勇氣，讓我知道總有一天能克服這一切。除了神以外，你真是我最大的模範。現在每當我又低潮、鑽牛角尖，我就會一遍又一遍地重看你的影片。它讓我由衷感到平安，知道即使我搞砸了什麼事，神還是依然愛我。

另一封來信則說：

我離家上大學之後，也離開了教會，想走出自己的路。但離開信仰後，我的家人跟我斷絕往來，這讓我覺得很失落。有一天我偶然看到你的影片，它真的開了我的眼界，讓我重新認識耶穌，明白耶穌不是我從小在教堂裡聽到的那樣，而是充滿慈愛、不停地賜予恩典。於是，我開始參加學校裡的教會服事，生活也重新回到正軌。我現在知道：無論人家怎麼批評我過去、現在、未來的罪，神還是愛我，耶穌也真的就是一切。

數百封類似這樣的電子郵件湧入我的信箱。我在影片裡說的有這麼動人嗎？怎麼會有這麼多人願意跟我分享這些事？老實說，我一開始根本手足無措，畢竟我既不是諮商師也不是牧師。我不過是個剛從大學畢業的廿三歲傻小子，可是一大堆人寄信給我、丟訊息給我，在我推特上竟然還有幾千人留言，掏心掏肺地跟我分享他們的見證——這些人我完全不認識！許多人甚至還說，這是他們第一次對人說出自己的秘密。我實在訝異：我到底說了什麼啊？那首詩有那麼與眾不同嗎？**那不就是耶穌的福音，而且都已經被宣講了兩千年嗎？**

但我也知道，這些信說明了那首詩寫得的確有些道理，所以才會引起這麼多共鳴。很多人被強迫推銷過黏著好耶穌貼紙的宗教；很多人被所謂的「基督徒」激怒過；也有很多人被人奉聖父、聖子、聖靈（聖神）的名虐待、傷害、排擠，但這些人的靈魂，其實也正渴求著真正的耶穌，那位醫治人、拯救人、為人獻出生命的耶穌。

我也得坦白地說：其實我並不夠格來寫這本書。我沒有聖經或神學學位，我不是牧師也不是諮商師，我不懂希伯來文、希臘文，也不知道如何解經。我也想再說一次：我不過是個廿三歲的傻小子而已。可是我知道，神非常有幽默感，稍稍瀏覽一下教會歷史，就會知道神愛找的就是我這種人。兩千年前，一位智者是這樣說的：「上帝偏要揀選世人所認為愚拙的，來使聰明人羞愧；上帝揀選世人所認為軟弱的，來使堅強的人羞愧。」[1]保羅（保祿）告訴我們：神就是愛用從世俗標準來看很沒用的人——這樣功勞就都歸祂。既然歹竹都能出好筍，像我這樣的傻小子當然也能寫出美好的上帝。我既已嘗過恩典的滋味，自然忍不住想告訴別人。

之所以在這分享我的故事，是希望這種經驗也能繫上你的生命，纏繞著我們，最後將我們一起捲進神的故事。在天堂裡，祂一直尋找、愛著你我這樣的人，始終如一。

1〈哥林多前書〉（格林多前書）1章27節（編注：本書中的聖經章名、人名，在每章首次出現時，皆採用基督教與天主教通用譯名對照的方式，以便教友閱讀）。

第一章

有請真實的耶穌現身

Will the Real Jesus Please Stand Up?

你信什麼教？

別隨口說說，我想問的是：你真正信仰的是什麼？我想問的不是你在臉書資訊欄填的東西，也不是你在申請表上勾的選項。我想問的是：你將信心放在何處？是什麼東西給你動力？什麼是你所真正認同的？我相信我們每一個人對這些問題都有一套制式答案，但只要認真思考一下，就會發現裡面多的是謊言。

如果你我有共同之處，我想你大概也從小認為有神存在（無論「神」指的是什麼），對吧？但不久之後，你會發現現實似乎跟這個概念越來越不協調，「相信有神存在」的想法似乎也越來越遙遠。雖然為了保持自我認同，我有段時間還是堅持自己是基督徒，但上中學之後，連我都覺得這很荒謬，因為現實世界似乎不需有神照看。我還是會跟人家說我是基督徒——但只有在這樣講對我有利的時候。除此之外，我真的不想理祂了。

我想，我真正信仰的宗教大概跟大多數美國青年一樣，是一種披上基督宗教外衣的道德感。我相信遙遠的某處有個神，祂希望我們都做個好孩子，如果我們做到了，祂會說祂多愛我們，把我們的照片貼在冰箱上，然後給個獎品——這樣皆大歡喜，不是嗎？

我曾自認是基督徒：周遭每個人都說自己是基督徒、我媽帶我去教堂、家裡也擺著本聖經。因為這些，我也以為自己是基督徒。說自己是基督徒，似乎比否認更能拉近我跟朋友、家人、社會的距離。對我來說，當個基督徒讓日子更好過，但我從沒有真的愛過、服事過耶穌。

對美國人來說，這樣的經歷不是很常見嗎？大多數美國人都自認是基督徒。我們說自己是基督徒，因為這聽來似乎不賴，讓我們看起來有道德，可以讓父母不擔心、不來多管我們，而且還不會下地獄呢！——**當然，前提是我們真的相信有地獄**。

我媽跟我算是常去教會，至少懂得儀式、會唱聖詩，不過，我從不覺得自己是「教會模範生」。沒錯，我是聽了不少講道，知道耶穌為我們死，可是我的生活過得很糟、很痛苦，糟到我根本不覺得耶穌跟我有什麼關係。我的父母從沒正式結婚，我由我媽獨力帶大。她是個很好的人，盡她所能為我做了一切，讓我獲得可能獲得的每個機會。然而，因為她身體殘障、精神狀況也不好，並不能常去工作。這代表我們一直得住有房租津貼的廉價租屋，並依賴社會福利、救濟和食物券過活。於是我們常常搬家（從幼兒園到中學，我總共轉了八次學），而且每次住的都不是什麼好地方。

我記得自己去教會的事，我很喜歡在那玩遊戲、做壁報、唱歌，但總覺得這些跟我的生命很疏離。其他的孩子似乎都很愛一起做這做那，但我在人群中總覺得不太自在。於是，我假裝我也樂在其中，想說我如果能比那些好孩子做得更好，那我大概就能融入了。所以如果約翰得了個金牌，那我一定要得個白金牌。

我變得既驕傲又「虔誠」，而且這種態度在我青少年時期越來越嚴重。我上中學時，覺得自己實在太優秀了，因為我不抽煙、不喝酒，也沒有發生性行為，我一直覺得我比那些人來得好。我夠常去教會，所以我覺得對神來說我夠好了；我夠常看耶穌的故事，所以我根本不需要祂了。

有趣的地方就在這：我以為我是個好孩子，但實際上根本不是。從國中開始，我就是個問題人物，對學校、對我媽、對自己的人生，全都漠不關心。我成績很爛，因為打架、偷竊被退學，而且耽溺色情八年之久。

升上高中後，我變得更加頑劣，作業從來不寫，高一留級。去學校的目的只是為了跟朋友打混、跟女生聊天。我媽知道我的朋友會帶來壞影響，於是再次搬家，跑到大約半小時路程的鎮上去住。

從某方面來說，這是很棒的新開始。我很快就跟那裡的「乖孩子」打成一片，他們既不抽煙也不喝酒，而且我很喜歡他們。我也愛上棒球，還加入校隊。我的生活在這個階段就是棒球跟朋友，一切看來不錯。

不過也就是在那年，我媽跟我講了一個就當時來說很糟的消息。她默默走進我房間，叫我坐下，然後跟我說她是同性戀。她跟我說她一輩子都在抗拒這件事，而幾個月前她邀來我家住了幾個月、說是臨時有困難的那個朋友，其實就是她的情人（因為她們大吵了一架，所以她才決定明說）。

我覺得被我媽背叛了，對自己從沒想過「為什麼另一個女人會突然跑來我家住」也覺得尷尬不已，我媽是同志的事實，更讓我覺得十分丟臉。我朋友要是知道會怎麼想啊！我當時非常自我中心，成天想的都是我、我、我。我可是個好基督徒孩子啊，怎麼可以有個同志媽媽？沒錯吧？

那天之後，我媽放棄了傳統基督信仰。保守基督徒怎麼對待同志，現在也怎麼對待她。我那時的想法是：**好吧，既然耶穌對她沒幫助，那對我大概也沒什麼幫助**，於是我也放棄了神。我覺得很痛苦、很孤獨，想逃避一切卻又無能為力。我離開宗教、變得叛逆，我想叛逆如果能讓我感覺良好，那我就叛逆好啦。我崇拜的對象成了女生、朋友、名聲，想說只要得到更多女生、喝更多啤酒，那我就更「酷」，難道不是這樣嗎？不過，我馬上發現這種生活就像喝鹽水。如果你真的渴到不行，當然會想喝它，但喝了之後只會變得更渴。每次跟女生交往沒多久我就煩了，然後再換一個。

最重要的是，我開始討厭我媽、瞧不起她。家裡的氣氛越來越沉重、痛苦，我們住在一起卻很少說話。我更常去派對，也變得更冷漠，不再尋找好女孩，轉而尋找隨便的女孩。我玩世不恭、縱情享樂，但內心深處依舊惴惴不安。我玩得很瘋，瘋到常常忽略這種感覺，但夜深人靜、躺在床上快睡著的那幾分鐘，還是足夠讓我的靈魂安靜下來，告訴我這樣下去絕對不行。

我聽很多人說，我這代人最怕的兩件事一是死亡，二是公開說話，但我不認為如此，我覺得我們最怕的是靜默才對：我們不關電腦、不關手機、不登出臉書、也不安安靜靜坐著。為什麼呢？因為不這樣的話，我們就非得面對真實的自己。對我們來說，靜默就像一隻隱形的怪物，令人恐懼不已，它咬我們、撕裂我們，把我們所有的不滿足赤裸裸地攤開。**靜默可怕極了**。

然後我畢業了，過了個愉快的暑假，進了聖地牙哥的一所基督教大學——完全靠自己。之所以去念那所大學，並不是因為它是教會學校，而是因為他們棒球隊很強，而且運動場很好。校園和棒球場就在海邊，一棒敲出全壘打，幾乎能把球打到海裡去。毫不讓人意外的是：我第一學期就被留校察看、踢出棒球隊、被我第一個認真交往的女友甩了。由於棒球和女生是我的生活重心，如此一來我覺得重要的東西都沒了。一切只能用「悽慘」來形容，我生平第一次覺得自己「不夠好」，我崩潰了。

一開始時，我責怪上帝讓我生命中有痛苦，但慢慢地，我開始聽見祂恩典的低語。我當時並不知道，神之所以要擊垮我，是因為祂愛我、想修復我。作家路易斯（C.S. Lewis）說過：「神在我們的喜悅中低語，在我們的良心裡說話，在我們的苦痛裡大吼：苦痛是祂的擴音器，要喚醒這耳背的世界。」[1]

因為這樣，我終於開始傾聽。但老實說，那過程真是一團糟。

回頭想想，我想不起是哪天腦中靈光一閃，突然發現了這些事的意義。那段日子大概持續了三、四個月，我彷彿一直站在耶穌伸手可及之處，但祂的恩典並未讓我清醒一點，我老是覺得自己一無所有了。我媽說我小時候很聒噪，不管看到什麼東西都要問「為什麼」（我祈求耶穌：這項特質可別遺傳給我小孩！），事實上，我到今天還是老樣子，而當我終於被恩典吸引時，這項特質也起了很大作用。因為在那時，我確實需要探究，需要找出答案，更需要知道恩典是真實的。

我還記得我有天走進圖書館，問館員學生一次能借幾本書，他跟我說十五本，於是我扛了十五本跟耶穌、基督宗教、護教有關的書回宿舍。透過其中幾位作者，神的恩典

1 C. S. Lewis, *The Problem of Pain*, in *The Complete C. S. Lewis* (San Francisco: HarperCollins, 2002), 406.

漸漸融化了我心中的瘡痂，我原以為自己夠瞭解宗教、夠瞭解新約了，但這個時候，我開始認識了一個很不一樣的基督宗教。比方說我終於發現：

聖經不是本規定，而是封情書。
我不是個雇工，而是個孩子。
聖經想談的不是我的表現如何，而是耶穌為我們做了什麼。

恩典並非在遠處等待未來的我，而是現在就給了真實的我：艱苦掙扎的我、一團混亂的我、耽溺色情的我、對一切毫無所知的我、沒安全感的我。神在我的泥沼中愛我，沒等我洗淨自己就愛我。這個真理改變了我的人生，我也深信這一定能改變你的人生。

尋找真正的耶穌

在我持續與恩典碰撞之後，我再也不覺得自己夠認識耶穌了。我的困難並未憑空消失，但我覺得在痛苦的漩渦之中找到了錨。然而，即使成了全新的基督徒，我還是不知道該做什麼？言行舉止該怎麼樣？該參加哪個查經班？甚至該聽哪張CD都不知道。我朋友很多，但認真的基督徒少之又少。剛開始試著跟隨耶穌的那半年，我其實覺得很孤獨，一直不知道該怎麼「實踐」基督信仰。但無論如何，至少我很多晚上都靜靜地待在宿舍讀聖經，這比我上學期成天混派對好多了。

雖然我基督徒朋友不多，但我念的好歹是所基督教大學。所以我決定觀察別人怎麼「做基督徒」，原封不動學下來。我取下耳環、不再穿籃球衫、竭盡所能學會最流行的福音歌曲，也開始聽宗教電台。我覺得只要做夠多基督徒會做的事，我的人生就能重獲平安。可是這招行不通。

在那半年裡，我做了每一件我認為基督徒該做的事，但那些我以為會隨之消失的欲望（如情欲、驕傲、愛享樂），卻還是沒有消失。耶穌不是會讓我的人生更好嗎？我開始覺得被耍了。但事實上，我的「基督教」其實只是再次複製美式宗教：努力工作、多做好事，然後你就會感覺良好，神也會認為你很「好」。

我明白我跟錯了耶穌——這並不是說有個「假」耶穌，而是說我所追隨的「耶穌」，其實只是那位真耶穌的假象。之所以發現這點，是因為有天我聽宗教電台的時候，廣告時間他們播了段十五秒的電台介紹，裡面有孩子的笑聲、喜樂的音樂，還有一句廣告詞：「您可信賴本台音樂，適合全家聆聽，獲得平安！」

我還記得自己當時的想法：**讓全家平安？耶穌真的會讓全家平安嗎？**

我剎時明白：是我們創造了這個「會讓全家平安」的耶穌。但只要我們誠實一點，我們應該會問：一個無家可歸、最後還被釘死在十字架上的傢伙，怎麼會是能讓全家平安的神呢？而且保羅（保祿）不是說了嗎？如果我們要以他為榜樣追隨耶穌，我們會受到跟他一樣的待遇。[2]

我們失去了真正的耶穌，至少，我們用他換了個更新潮、更安全、更體面，但也毫無作用的耶穌。我們自己創造出一種基督宗教的次文化，而其中的習俗、規矩、儀式、典範、產物，卻都與聖經中那個簡樸、具革命性的基督信仰無關。這樣的「耶穌」要是活在我們的次文化裡，絕不會被釘上十字架——他人太好了嘛！

我們總說自己是和耶穌站在一起，但有些時候，我們反倒更像耶穌斥責的人。他怎麼斥責當時的宗教領袖（文士、法利賽人），[3] 也就會怎麼斥責今日許多美國宗教領袖。大多數時候，我們並不是因為愛耶穌而受迫，而是因為驕傲、傲慢、不愛真正的耶穌而惹人嫌。我們愛論斷人、愛吹毛求疵，而且拘泥小節、墨守成規，但在此同時，我們卻又宣稱自己跟隨的耶穌好寬恕、可靠而充滿愛——無怪乎很多人討厭我們。

有時我們因為傳揚耶穌宣講的福音而惹人嫌，但另一些時候，人家討厭我們純粹是因為我們是渾球。拜託大家不要一邊當渾球，一邊還以為自己是因為傳福音而受迫。如果我們誠實地想想聖經是怎麼說的，再看看今日美國的基督宗教是什麼樣子，我們應該不得不承認：我們確實是用自己發明的耶穌，取代了那個真實的耶穌。

神創造我們的目的，並不是要我們一年去當一次食物銀行志工，然後自我感覺良好；也不是讓我們一個月只看一次色情刊物，就得意洋洋地說自己「得勝」；更不是讓我們變不在乎地從一個乞討的遊民身邊走過，心裡想著：討了錢還不是去買酒喝。神創造我們，並不是要我們需要祂時才找祂，把祂當成廿四小時待命的牙醫。

聖經裡的耶穌是個激進的人，他傳布激進的信息，也以激進的方式改變人們的生命。在聖經裡，耶穌可不是位帶來平安的人，沒人知道該拿他怎麼辦。自由派說他太保守，保守派又說他太自由。你想想：他的第一個神蹟是將水變成酒；後來又把那些將他父親的殿變成賊窩的人趕出去，勇猛得跟職業摔角手有得拼；當時社會的規範以及性

2〈提摩太後書〉（弟茂德後書）3章12節。

3〈馬太福音〉（瑪竇福音）23章（編注：法利賽人是當時最有影響力的宗教群體，嚴守猶太戒律，與主張「愛勝過戒律」的耶穌敵對，耶穌曾斥責文士和法利賽人是「偽善者」）。

別、種族藩籬，他全都不放在眼裡；他自稱是上帝之子，自稱將審判每一個人，決定他們該上天堂或下地獄；他還說過這樣的話：「如果你們不吃人子的肉，喝他的血，你們就沒有真生命。」[4]總之，他是個危險人物，而且是個怪人。

我不知道你是在哪間教會長大的，但這句話聽起來實在不像我們認識的耶穌說的，反倒更像出於食人魔之口。耶穌也赦罪，這很危險，因為只有神能赦罪，而宗教人士說他只是凡人。[5]

我們不喜歡這種危險的耶穌，因為這樣的耶穌不能帶來什麼好處。於是，我們自己創造出一個平安的耶穌：

聖誕節時，我們不為耶穌所賜的禮物慶祝，只為自己拿到的禮物慶祝。
復活節時，我們不慶祝耶穌復活，戰勝魔鬼、罪惡與死亡，只關心早午餐要吃什麼。
我們不稱耶穌為神，只說他是個善良的好人。
我們不跟人說他們是罪人、需要救主，免得他們不來教會、不給奉獻。

很多方面，基督宗教變得好像只跟印著去世總統的綠紙有關。二〇一〇年時，美國人在聖誕節花掉一千三百五十億元，復活節則花了一百三十億元。[6] 誰想得到一個兩千年前在馬槽出生的小孩，現在會變成我們放縱物欲的藉口呢？

我們已經把耶穌弄得面目全非，教會也已變成一門生意。耶穌成為一種行銷方式，我們以他之名開書店、做T恤、做手鐲、做汽車貼紙、做桌上遊戲。二〇〇七年時，有個女人還做了印上耶穌圖像的鬆餅在 eBay 上賣，上了全國新聞。[7]

別誤會我，我不是說這都不對，在某種程度上，這些東西沒什麼問題。比方說，你現在手上就拿了一本這樣的書。我自己也買了一大堆有關宗教的書——老實說，我太太還嫌我買得太多，說這樣下去我們會破產。但即便如此，有個問題還是不斷糾纏著我：我們真的知道自己在幹什麼嗎？我們是不是把這些東西看得比耶穌還重要？為什麼美國基督宗教的樣貌，跟聖經裡那個充滿活力、不受控制、不可預測的基督宗教那麼不同？

---

4 〈約翰福音〉（若望福音）2章1–11節、13–22節；4章1–42節；5章18節、19–29節；6章53節。

5 〈約翰福音〉8章1–11節。

6 "Holiday Spending Sized Up," *IBIS World*, Special Report August 2010, http://www.ibisworld.com/Common/MediaCenter/Holiday%20Spending.pdf (accessed January 23, 2013).

7 "Holy Pancake Auctioned on eBay: Woman Says Jesus Appeared on Breakfast," WPBF News, November 13, 2007, http://www.wpbf.com/Holy-Pancake-Auctioned-On-eBay/-/8789538/5117954/-/item/0/-/wwodsaz/-/index.html (accessed January 23, 2013).

我想，我們之所以會對這種樣貌的基督宗教感到不滿，正是因為它**不是**。

我們有宗教，卻沒有耶穌。
我們有好榜樣，卻沒有上主。
我們有神學論辯，卻沒有活生生的道。
我們有善行，卻沒有善的根源。
我們有愛，卻沒有本身就是愛的神。

我們把「恩典」變得平庸（以為恩典就是「做好事上天堂」），讓神變成一條數學算式（如果表現良好，神就愛我），把耶穌當成鄰家大哥（「嗨，你好！」）。可是耶穌從不打扮得整整齊齊輕聲細語，他是個會咆哮的猛獅。

在路易斯的經典小說《獅子，女巫，魔衣櫥》（*The Lion, the Witch and the Wardrobe*）中，那幾個孩子問海狸先生：獅子亞斯藍（代表耶穌）安全嗎？海狸先生回答：「安全？你們沒聽海狸太太怎麼說嗎？誰有說過『安全』？他可不安全，但我告訴你們：他很善良，他是王。」[8]

真正的耶穌也是這樣，並不安全。他的話、他的人生、他的十架，在在說明他完全不是個安全人物。他的恩典既危險又猛烈、狂暴、不受控制也不乖巧。可是，很多踏上傳教之旅的人卻往往祈禱「一路平安」，難道只有我一個人覺得這很弔詭嗎？

在聖經裡找到真正的耶穌十分重要。一旦找到了，我相信你會跟我當初一樣吃驚。

他不是你學到的那個耶穌

回想主日學和基督教營隊的時光，我記得他們常用兩段經文鼓勵我們這些小孩：

> 倚靠上主的人，充沛的精力源源不絕。
> 他們會像老鷹一樣張開翅膀；
> 他們奔跑不疲乏；他們行走不困倦。[9]

8 C. S. Lewis, *The Lion, the Witch and the Wardrobe: A Story for Children* (1950; repr., New York: HarperCollins, 2009), 77.（中譯本《獅子，女巫，魔衣櫥》由大田出版）

9〈以賽亞書〉（依撒意雅）40章31節。

還有這段：

惟有我知道我為你們安排的計劃：
我計劃的不是災難，而是繁榮；
我要使你們有光明的前程。10

經文說神對我們有美好的安排，我們既珍貴又獨特，如雪花般片片不同；經文還說只要我們倚靠祂，祂就會讓我們像老鷹一樣振翅高飛。

這些經文是真的嗎？當然是真的。可是，它們真正的意義跟我們認為的不太一樣。神對我們的人生的確有重大計畫，但那可能跟**我們預想的**計畫不一樣。在基督宗教早期，許多基督徒被視為國家之敵，有些還被丟到競技場，成為猛獸的餌食。所以，下次你再看到這些經文時，請提醒自己一下：無論對你、還是對那些被獅子活活撕成碎片的人來說，這段經文都同樣真實。如果說他們的遭遇也是神對你最好的安排，你會不會對神失望呢？

如今回想，我當初完全扭曲了這些經文，把它們套進我那「自我感覺良好」的基督教。神為我安排的「美好計畫」是打擊、受考驗？別開玩笑了！苦難當然是魔鬼幹的好事，不是嗎？但事實上，神為我們安排的美好計畫，有時就是把我們磨練得更像耶穌，人生充滿痛苦。只不過我們不會從這個角度來看這些經文，只會把它們印在T恤、汽車貼紙上。

我只有一次看到T恤上印了很不一樣的話（而且它印在前面，不怎麼好看）：「從他口中吐出一把鋒利的劍；他要用這劍來擊敗列國。他要用鐵杖治理他們，並且要在全能上帝那忿怒的榨酒池中搾出烈酒來。在他的袍子和腿上寫著『萬王之王，萬主之主』這名號。」[11]

不過，我們顯然不喜歡這段經文。它看起來充滿危險，而且跟現代對神的看法很不搭。然而，這句經文就跟我們印在書籤上的那些經文一樣真實。當耶穌第二次降臨的時候，他可不是來散播愛，而是要向罪惡與反叛宣戰。

你相信**這位**耶穌嗎？

發現我從小認識的基督教有別的面向之後，我開始在聖經中到處尋找這位危險的耶

10〈耶利米書〉（耶肋米亞）29章11節。
11〈啟示錄〉（默示錄）19章15–16節。

穌。與我那被消毒過的基督教相悖的每一段經文，我都細細閱讀。

耶穌無家可歸？

耶穌稱某些人為魔鬼之子？

耶穌真的要他的門徒跟隨他，不只是舉舉手、簽張卡片而已？

耶穌說要扛起殘酷的十字架，才算是他的追隨者？[12]

我最喜歡的經文之一，是〈以賽亞書〉（依撒意亞）的這一節：「我們都有罪，連我們最好的行為也像污穢的衣裳。」[13]我們時常忘了：即使是我們「最好的行為」，在神面前也只是「污穢的衣裳」。不管是幹了一堆壞事的日子，還是做了很多好事的日子，在神面前都一樣污穢！那如果我祈禱、讀經、濟貧、一週上教堂九次呢？很抱歉，你還是一件污穢的衣裳，離耶穌和他的十字架遠遠的。如何？這樣夠刺耳了吧？

如果這樣的神還不令你吃驚，讓我跟你說說另一件事：法蘭西斯（Francis Chan）牧師寫過一本《瘋狂愛上神》（*Crazy Love*），裡頭說「污穢的衣裳」的希伯來文，也可以解釋為「月經帶」。[14]也就是說在這句經文裡，神認為我們的善行沒比一條沾血的棉帶更好。下次你去洗手間時不妨看看垃圾桶，提醒自己那就是你和耶穌善行的差距（這樣講很粗魯，我知道）。

不只是聖父會說這麼刺耳的話，耶穌也會，而且他是跟他那時代最虔誠、最狂熱的人說——他說他們是「偽君子」、「毒蛇」、「兇手」。[15] 你想想，這樣的耶穌會不會痛斥你的教會或部落格不夠謙卑、仁厚呢？

耶穌最嚴厲的言詞，竟是用來指責當時最虔誠的人，你不覺得這很有趣嗎？你原本大概會想，他應該會指責那些犯了罪的社會邊緣人，例如娼妓、毒品販子、稅吏等等。可是他卻對宗教領袖這樣說：「我鄭重地告訴你們，稅吏和娼妓要比你們先成為上帝國的子民。因為施洗者約翰來了，他指示你們應當走的正路，你們不信他；可是稅吏和娼妓倒信了他。你們看見了仍然沒有改變心意，還是不信他。」[16]

12〈馬太福音〉16章24節。
13〈以賽亞書〉64章6節。
14 Francis Chan, *Crazy Love: Overwhelmed by a Relentless God* (Colorado Springs: David C. Cook, 2008), 58.（中譯本《瘋狂愛上神》由中國主日學會出版）
15〈馬太福音〉23章。
16〈馬太福音〉21章31–32節。

如果一個虔誠的人聽了這話沒暈倒，我還真不知道什麼能讓他暈倒。耶穌成天跟社會裡最邊緣、最受蔑視的人在一起，也強烈反對別人用假惺惺的方式介紹他。他的話應該不只讓我們吃驚，更讓我們害怕，因為他當年指責宗教領袖、法利賽人的話，完全適用於指責今日的基督徒。

以我為例，我就常常只關心自己的外在表現，努力做事來爭取救贖，卻忽略掉旁人很小、很簡單的需要。我常常更像法利賽人而非聖徒；愛聽別人告訴我我有多棒，卻不太想知道耶穌有多棒；往往更在意別人的罪，而非自己的罪。總之，我常常覺得自己身上有法利賽人的影子。

面對真實

你曾陷入內在掙扎嗎？你可曾明知什麼念頭是錯的，卻就是無法擺脫它？當我自以為是、或是從律法的角度來看事情的時候，常會陷入這種困境。有時我真痛恨自己待人的方式，更厭惡自己脫口而出的話。有時我越讀新約越沮喪，因為一看到法利賽人的故事，我就不得不承認自己的確更像他們，雖然我**更想**效法的明明是耶穌。

每當我頑冥不靈，耶穌尖銳的話語總能把我喚醒。耶穌的話有某種風格、某種力量，總能搖醒我，把我拉回現實。很重要的一點是：耶穌從不無的放矢。他希望每個人都悔改，所以如果他很嚴厲地說了什麼，那也是因為唯有如此，我們才願面對真實。某些時候，好言相勸就是無法打動、刺激、喚醒我們。就像挖開硬土得用鐵鏟一樣，耶穌有時之所以會疾言厲色，也是為了敲碎我們剛硬的心。他之所以這樣做，是為了讓我們得到喜樂。

我想耶穌會說這麼嚴厲的話，是要警告大家別忽略真實、重要的事，而只關心實際上無關痛癢的事。我們已經全然忘了神在意什麼、做了什麼，也忘了該怎麼與祂深交。神很明確地說過祂不在意外在行為，只在意我們的心。[17] 祂心之所繫的不是你的**作為**，而僅僅是**你**而已。但你真的知道這件事嗎？你真的有好好想過嗎？

耶穌絕不僅止於「不抽煙、不喝酒、不耽溺情欲」，他比這些事重要太多了。身為基督徒，我們必須停止用自己的方式看待聖經，相反地，我們應該靜下心來，謙卑地敞開心胸，期盼上主能更深刻地向我們揭示祂自己。當然，這是個危險又令人生畏的主張，

17〈撒母耳記上〉（撒慕爾紀上）16章7節。

但我們如果能不再抗拒耶穌，不再把他塑造成我們想要的樣子，純然接受他的樣貌、傾聽他的話語，我們一定會發現：他是個文化叛逆者，我們那美觀、可愛、袖珍的「基督徒」小盒子，根本容不下他。但在接受耶穌原本的樣貌之後，我們也會更自由、生命更豐富。

當我想透過好好表現來尋求耶穌時，我其實遺忘了那個真實的耶穌——那個希望我們不是為了他的賞賜而愛他、服事他的耶穌，那個危險、不可預測、激進而迷人的耶穌。

問題討論

1. 傑夫在開頭時說：「我真正信仰的宗教大概跟大多數美國青年一樣，是一種披上基督宗教外衣的道德感。」你覺得他的意思是什麼？你自己在生活中有類似的經驗嗎？
2. 基督宗教在你生命中變得理所當然嗎？如果是的話，為什麼會這樣？
3. 傑夫知道媽媽的性傾向之後，放棄了神、也開始叛逆，但他說叛逆就像是喝鹽水。你是否也有類似的經驗？是否也曾試著止渴，卻找錯了東西喝？如果有的話，請談談這段經驗。

4. 為什麼在我們的文化裡，靜默是許多人最大的恐懼，年輕人又尤其如此？

5. 你曾將聖經視為情書嗎？有的話，為什麼？沒有的話，又為什麼？

6. 傑夫開始跟隨耶穌不久後，就發現他跟隨的是個安全、無生氣的耶穌——一個他創造出來的耶穌，而非真正的耶穌。請描述一下真實的耶穌是什麼樣子。

7. 傑夫提到基督宗教已經變成一門生意。你也有過同樣的經驗嗎？你是否曾感到，基督宗教其實是超越消費文化的？

8. 你是否曾經拒絕相信，生命中的磨難也許是神的計畫？神可能會用什麼樣的考驗，來讓你變得更像耶穌？

9. 為何基督徒常常更注意循規蹈矩，而非關心別人的需要？

第二章

為什麼我認為耶穌討厭宗教（而且你也應該如此）

Why I Still Think Jesus Hates Religion (and You Should Too)

那是充滿緊張氣氛的時節——整學期該玩的都玩了，只剩下期末考的壓力還沒解除。大家都很緊張，整個校園異常安靜，學生們都在惡補前三個半月早該讀的書。試還沒考，我已經開始想找點小樂子做，之前那所自稱是「基督教」大學的學校，到了期末考週總會辦些小活動，讓大家放鬆一下。學生活動中心的休息室會有免費按摩，有時還有免費餐點和糖果。

雖然我那時已轉到普通文科大學，腦子裡想的卻還是前一間學校的事。當我坐在房裡讀書時（憑良心說，那種讀法就跟讀臉書差不多，但就別提了吧），有人敲我房門，開門一看——可不就是我們可愛的宿舍助理嗎？她一手提籃棒棒糖，一手提籃保險套，笑瞇瞇地說：「棒棒糖和保險套！安全、無壓力地度過期末考週吧！」

我還記得自己當時的念頭：還真是拼期末考需要的東西啊！高糖分零食跟避孕措施！

很顯然地，我已經不在基督教大學了！下學期末，他們又做了類似的事：宿舍牆上貼著性教育海報，也擺著保險套，任君自取。我想他們提供這些東西已行之有年了，但你可以想見：這招並不怎麼管用。

先簡單談一下兩間學校的差異好了。我的新學校是波特蘭（Portland）的一所文科大學，它跟聖地牙哥那所嚴格的基督教大學很不一樣，我幾乎一轉過去就發現校風有多不同。波特蘭市給人的印象如何，那所學校也正是那個樣子。那裡是同志權益的聖地，會為了環保禁止販售瓶裝水，每個人都有憂心的事，女生都不刮腋毛（好吧，這最後一項倒不盡然如此）。學校的教科書都是理查・道金斯（Richard Dawkin）和克里斯多福・希鈞斯（Christopher Hitchens）等人的著作，[1] 校風自由、進步，人人奉行健康主義。我很喜歡這所學校，真的超級喜歡，如果時光能倒流，我當初會第一個就選這所學校。

很有趣的是：我在基督教大學時，並不算是基督徒；但我到了普通大學後，我反而成為基督徒了。說到這裡你一定認為：如果這樣的話，我應該想重回那所基督教大學，對吧？錯了，剛好相反。事實上，我覺得基督教大學很死板、虛偽又尖刻。我無法忍受練完棒球後非得跟三十個大男人一起祈禱，心裡卻明知他們雖然個個掛著十字架項鍊，幾小時後就會一手拿著啤酒，一手摟著女生（我承認，我也是如此）。

奇怪的是，我的新學校反倒充滿接納與愛的氛圍，沒人在乎你是否真的是基督徒。如果你在那邊跟人家說自己是基督徒，並不會為你的人際關係加分——反倒有可能被扣分。正是那種氣氛吸引了我。

1 譯注：兩者皆為知名無神論者。

高年級時，我也成了宿舍助理——這代表我成了照顧宿舍同學的「爹」。要是你忘了帶鑰匙，我得幫你開門；要是你違反規定，我得記你點（還好這種情況不多）；如果你有情感或課業問題，我得輔導你。每天處理同學的事，讓我慢慢瞭解他們對神、對耶穌、對宗教、對基督徒的看法是什麼。

在此同時，令我不斷感到訝異的是：大多數大學生都很不了解耶穌。我常聽人說「我才不跟隨耶穌，我還想繼續喝啤酒咧！」、「我幹嘛要愛耶穌，他恨同志！」，每當我聽到這些，我總會愣一下，心想：這怎麼回事？我愛耶穌，但**我還是照喝啤酒，也不恨同志啊！**我常問人家對耶穌的看法，其中最妙的一個是我棒球隊隊友說的：「我喜歡耶穌，也喜歡佛陀，我算是基督佛教徒吧。」聽到時我得費盡全力才不笑出來。基督佛教徒是怎樣？那不就像對乳糖過敏的起司愛好者嗎？

大學校園是個很歡樂的地方，學生們大多沒什麼壓力，對任何事都提出質疑，成天跟朋友膩在一起。不過，大多數學校也都有陰暗面，身為宿舍助理，我常會看到同輩的人有多少煩惱。學生常做出錯誤決定、受到情感傷害，或是遭遇其他痛苦。

這些痛苦都被隱藏起來了，大一就被強暴的女生，或是厭惡自我、深陷憂鬱的男生，在大堂討論課時，全都把傷痛隱藏起來，表現得若無其事。這也難怪，人想證明自己的能力時，才不會露出脆弱的一面。可是，等他們受了一天挫折，遍體鱗傷地回到宿舍，他們的痛苦便清清楚楚地呈現出來。這時，他們願意坦承自己過得並不好、覺得很空虛，更迫切地期待、渴望、追尋著什麼。

有個朋友的姊姊只因為告訴家人她是同性戀，全家人就疏遠她，因為老爸「不想要個同性戀女兒」；另一個朋友說她討厭自己，因為她把處子之身給了前男友，而她甚至從沒跟人說過她交過這個男友；還有一個朋友是課業、家庭兩頭燒，因為她父親棄家而去，母親又得工作，年幼的妹妹只能由她負責照顧。

我親眼看到許多同輩喝個爛醉，甚至自殺——要不是救護車及時趕到，他們真的就這樣沒命了。

我不禁在想：**我跟他們有什麼不一樣嗎？**不過兩年以前，我也曾與憂鬱奮鬥，也曾想過要自殺，對自己浮濫約會感到罪惡、羞恥。我大一那年狂喝啤酒、成天跟女生廝混，彷彿整個世界是為了取悅我而存在，我自我中心，只想到自己，從沒想過要逃離這些情緒、心理、靈性上的傷害，任由靈魂被它們摧殘。然而在內心深處，我其實只是個嚇壞了的小男孩，對生命充滿不安全感，只期盼有人能對我說「我夠好」就可以了。

當然，我們沒人願意坦白承認自己就是這樣，在我十九年的生涯中，我也從沒承認過，可是實情難道不是如此嗎？我們所做的一切，不都是為了尋求肯定？我這代人是最孤單、最沒安全感的一代，為了知道自己被愛，我們甚至願意犧牲一切。

但大家不知道的是：**我們其實都被深深愛著**。

身為一個追隨耶穌的人，我知道他多仁慈，多努力修復我、治療我、找尋我，因此，我也深深希望能與這些同學分享他的愛。不過，我幾乎每次都碰壁，每當我跟他們談起耶穌，他們的回應都像一個模子印出來的。在我這些朋友心中，耶穌形象全毀，幾乎等同於髒字。他們常拿一些耶穌幾乎沒談過的議題回應我，把這當成排斥耶穌的最大理由。更諷刺的是，他們反對耶穌的理由，往往也正是耶穌反對當時宗教人士的理由。有時他們排斥的不是耶穌，反而正是耶穌所排斥的那些東西！

有天晚上我坐在床上想：**到底從什麼時候開始，「討厭同志」、「不喝啤酒」、「不刺青」這些東西，竟然變成基督宗教的核心價值了？**我突然靈光一閃，發現朋友們會有這種偏見並不是他們的錯，他們之所以會張冠李戴、產生混淆，是因為身邊的人這樣說，小時候去的教會這樣教，電視上的牧師也這樣講。他們會以為基督宗教就是如此，根本是教會的錯。我就讀過這樣一句話：「一百個沒得救的人裡，可能有一個是因為讀聖經，其他九十九個則是因為看到基督徒的表現」。[2]

唉。

我很肯定的是：如果看看現代基督徒的樣子來寫一本聖經，那內容一定大不相同。我的朋友之所以沒辦法把耶穌和宗教分開，是因為他們並不是從聖經裡認識耶穌，而是從基督宗教來認識他。也就是說，他們排斥的其實是**宗教**。有人抱怨他們試過信基督教，可是根本沒用。但依我說，無論你的心有沒有被耶穌轉化，都別**試**基督宗教。

你能**試試**宗教。

你能**試試**遵守規範。

你也能**試試**登上天堂。

但是這種試法，只會讓你更快對宗教失望。這行不通的，從來沒成功過。

也是在那時，我發現了一個有趣的現象：如果我在言談中把宗教和耶穌做個對比，他們的態度就不一樣了。這樣做之後，他們會稍稍改變立場，用不一樣的方式看耶穌，

2 D. L. Moody, *The Gospel Awakening: Comprising the Sermons and Addresses of the Great Revival Meetings Conducted by Moody and Sankey*, ed. L. T. Remlap, 16th ed. (Chicago: F. H. Revell, 1883), 690.

不再斷然排斥他，反而開始認真尋找、思考、探究那名叫「耶穌」的人。也就在那時，我開始寫〈為何我討厭宗教卻熱愛耶穌〉。

舊話重提

有些人可能會想：**等等，你不可能既討厭宗教又熱愛耶穌吧？耶穌**就是**宗教**啊！對這個疑問，我的回答是對也不對。如果你說的「宗教」指的是「一套關於宇宙成因、本質與目的的信念」，那我的回答是沒錯，阿們，基督宗教的確是「宗教」。但請注意，依這種定義，**無神論也算「宗教」**。不過，如果你的「宗教」指的是「為了與神同在，人們所該做的事和該表現的行為」，那麼真正的基督宗教，就不是「宗教」。

當我明白耶穌不是諸多救主之一時，我已經成為基督徒約一年了。我所領悟的是：跟隨耶穌，與信仰其他世界宗教截然不同。耶穌具有某種對反、顛倒的特質。

其他宗教的焦點都是人類的義——人該做什麼、又有多好；但真正的基督宗教，焦點卻在於耶穌的義——他做了什麼、又有多好。其他宗教談的是：「為了與神同在，你要這樣那樣做。」耶穌在世上卻說：「為了讓你們與神同在，我白白為你們做了這些。」

宗教講的是你該做什麼，耶穌說的是他都做好了。
宗教談的是人如何追尋神，耶穌談的是神在找尋人。
宗教講的是藉著德行追尋神，耶穌講的是神不管我們的德行，就是要找尋人。
宗教人士為了自己的信仰殺人，追隨耶穌的人則為自己的信仰而死。

我就是那時開竅的：難怪基督宗教和耶穌關於拯救的信息，會被稱作**福音**！那不只是好建議（宗教），更是好消息（耶穌）；它不是要說我們該做什麼，而是要說耶穌已經做了什麼。耶穌像個永遠都在的報童一樣，到處散發印著**已經**發生的事的報紙。關於耶穌，唯一的問題只有：我們願意跟隨他嗎？

談到這裡，可能有不少人會反擊我說：「耶穌才沒有要廢除宗教，他還說他來是要成全宗教！」嗯，其實這樣講不完全對，因為耶穌說的是：「不要以為我來的目的是要廢除律法和先知的教訓。我不是來廢除，而是來成全它們的真義。我實在告訴你們，只要天地存在，律法的一點一畫都不能廢掉，直到萬事的終結。」3

3〈馬太福音〉（瑪竇福音）5章17–18節。

我讀到這段時，心裡想著：「阿們，對極了。」耶穌談的不是宗教，而是律法。

耶穌那句話想講清楚的是：他並不輕視神的道德律法。唯一的不同在於，他不會以律法對我們求全責備——他不會像〈約翰福音〉（若望福音）第八章裡那些宗教人士一樣；相反地，他會**為**我們成全律法。在什麼事已「成全」之後，代表它已結束或完成了，這正是耶穌要做的事，他要成全律法對我們的要求，讓我們完美、與神同在。

舉例來說，在寫作此刻，我還有幾個禮拜就要結婚了。一旦艾莉莎和我成婚，我們就結束了訂婚階段。換句話說，那時我們已「成全」了訂婚，也就是那種介於結婚和約會的中間狀態，邁入了一個**更好**的階段。耶穌當時要說的就是這個。他不是要廢除律法，因為律法的存在有其道理、有其目的。舊約律法的目的，是讓我們知道神如何擘劃宇宙，也是要告訴我們：我們根本達不到祂的要求。

這樣說很丟臉，但律法的目的之一，就是讓人知道自己無法完全達到它的要求，所以需要一位救主。律法過去是、現在也是一面鏡子，讓我們知道自己多需要耶穌。即使是要求以色列人獻動物燔祭的律法，也是要告訴他們：你們**需要**一個替代品。他們無法自己做到這點，而耶穌終於完成了這項要求。

也就是說，耶穌來到世上成全了律法，滿全了神的要求。他一生完美無瑕，取代了舊約律法而成為我們的標準或律法——耶穌本身成為我們的律法。他成全了神的公義要求，在十架上承擔了我們的一切罪、失足與羞恥，自己完美地站在神面前，也讓我們與神同在。依我說，這可真是個美好的改變。也就是說，現在，我們不再是孤伶伶地承擔永恆的規範，而是與一個人建立了關係，由他告訴我們如何看待這些規範。古人把律法當成摩西（梅瑟）手上那塊硬梆梆的石版，耶穌則成了活生生的律法。

愛，就是新的律法。

我的詮釋是這樣：要是我想欺騙艾莉莎，我能用律法阻止自己——如果我騙她就會下地獄等等；不過，我也能用愛來阻止自己騙她——她比任何事物都**更好**，我為什麼要欺騙她呢？我們跟神的關係也是一樣。耶穌設立了一個更美好的約，一個充滿愛的約，而不是一個令人畏懼、憎惡、只談服從的約。

律法只是先讓我們認識一下耶穌。你一旦發現舊約裡都是耶穌的意象與表徵，一定會驚訝不已。殺羊作犧牲似乎有點怪、甚至有點噁心，但如果你知道背後的道理，一定會恍然大悟。神之所以要人獻祭，其實是要人知道罪惡會帶來死亡，只要有罪惡存在，就一定會有人死。

神為以色列人設下的命令與要求，最後都像箭頭一般指向了耶穌。神要以色列人獻上羔羊贖罪，其實是要說：「你們死後會有個人來到世間，你們獻上的羔羊，其實只是犧牲與寬恕的象徵，但那個人卻真的能帶走你們的罪，永遠潔淨你們。」

神設立律法的目的，就是要人別錯過耶穌；之所以要讓以色列人有祭司，就是要告訴他們人與神之間要有某種中介——但真正的中介是耶穌。同樣地，神要大祭司每年進至聖所一次，在那獻上犧牲，在施恩座（贖罪蓋）上灑血七次（施恩座之下，即放有十誡的約櫃），也是要告訴人們：由於祂的憐憫，耶穌的血將為我們蓋上律法的要求。耶穌是舊約律法的終極實現。

也是因為如此，羅馬人剛開始以為基督徒是無神論者。他們問：「你們的聖殿在哪？」基督徒說他們沒有有形的聖殿，但耶穌就是他們的聖殿；羅馬人又問：「好吧，那你們的祭司是誰？」基督徒說他們在世間沒有祭司，耶穌則是他們在天上的至高祭司；羅馬人最後只好再問：「你們獻上什麼做犧牲？」基督徒說他們不用獻祭，因為只要耶穌獻上一次犧牲就足夠了。

耶穌說：「我不是來廢除，而是來成全。」真義在此。這項真理讓人脫離死亡，讓人為的宗教成為與耶穌及其身體活潑的關係。

背後的意義

每天回到宿舍之後，如果有人想跟我聊聊，卻不想談到宗教，我總會試著把這樣的想法說給他們聽。我知道如果想談耶穌，彼此得有起碼的共識才能進一步談，所以我常這樣開頭：「我也討厭宗教，真的挺反感的。因為當耶穌高喊『成了』的時候，我相信他不是開玩笑的。」

我寫了那首詩也引起廣大迴響之後，也開始常常需要跟人家釐清：**沒錯，我是討厭宗教，但我並不討厭教會。**

我並不討厭誡命、傳統或律法。

我也並不討厭組織或機構。

可是，要是有哪些人說道德、善行是與神建立關係的方式，那我的確討厭這種說法。依我對「宗教」的定義，我之所以懷疑、甚至討厭宗教，原因正在於：如果我們能因「表現良好」而接近神，那根本是對著耶穌的臉吐口水。這種說法是在羞辱他，因為這等於說他的犧牲還不夠、甚至是沒必要的。

我最大的嗜好之一是閱讀，我很喜歡看書。艾莉莎常開玩笑說書是我的「情人」，我覺得她說的也沒錯。我一直很愛看書，當年因為我在宿舍裡擺了太多書，佔了人家的空間，我跟室友還去買了張雙層床，好騰出更多空間放我的書。我不知道承認哪項事實聽起來更遜：是承認我的最大愛好之一是看書，還是承認我到了廿三歲還在睡雙層床？

總之，我發現不少頗具神學家風格的人隱約也有這種想法，像約翰・歐文（John Owen）、提姆・凱勒（Tim Keller）、奧斯沃德・章伯斯（Oswald Chambers）、陶恕（A. W. Tozer），他們都被視為教會的巨人。

知名德國神學家迪特里希・潘霍華（Dietrich Bonhoeffer），也曾提出「無宗教的基督宗教」（religionless Christianity）的概念。一九四四年，當他因企圖顛覆納粹政權而入獄時，曾寫道：「我們正走向全然無宗教的時代，那時的人會像現在的人一樣，無法再具有宗教之情。即使是自認具有宗教情懷的人，實際上也無法奉行宗教，他們說的『宗教情懷』，其實是跟『宗教情懷』很不一樣的東西。」[4]

潘霍華知道「宗教情懷」一詞已經走味，所以他努力捍衛一個全新的東西。事實上，他也發現將宗教和耶穌做個對比相當有幫助。

我喜歡真正意義的「宗教」，在某些情況下這個詞也有幫助，但我也發現，「宗教」很容易讓人把注意力放在個人成就上，這是今日的重大問題。在這個後現代社會中，宗教活動被等同於「我們為神做了什麼」，而相反地，基督宗教卻是關於「神為我們做了什麼」，後者要將焦點從個人行為轉到耶穌身上。

當你把耶穌與依他而設的宗教分開，你的重點將重新回到耶穌、而非基督宗教的規則。當人追尋、探究、試著認識上帝之子時，他們便是在追尋具顯為人的真理，他們也終將找到他。

每當我用這種方式與人交談時，總會發生奇妙的變化。很多人並不想談宗教，但談談耶穌似乎沒什麼關係。而在談談耶穌之後，我們往往能產生交集，然後就能繼續談下去了。

耶穌到底說了什麼？

耶穌到底做了什麼？

真相常常令我朋友大吃一驚，因為聖經裡的耶穌，比我們認識的更激進、更具顛覆性。我寫那首詩的原因正在於此，我想把這些發現寫成一首詩，讓更多大學生能聽到、能記得，第二天能陪著他們去上課，也讓我們能繼續探究耶穌。宗教討論離我們太遠，

4 *Dietrich Bonhoeffer Works*, ed. Eberhard Bethge, trans. Reginald H. Fuller, vol. 8, *Letters and Papers From Prison* (Minneapolis: Ausberg Fortress, 2009), 362.

而且似乎更關心神學家們怎麼說，而非耶穌實際上做了什麼，更嚴苛點說，他們根本創造了一個麻木不仁的耶穌。把談話重點從宗教改成耶穌，能讓人好好面對他以及他所賜的恩典。這樣做能讓他們直接面對他的恩典，不再繼續視而不見。

證據就是：當我問朋友怎麼看耶穌時，他們常回答說「他是個不錯的人」，或是「他的道德教誨不錯，可是他不是神」。

可惜的是，後面這句話實在矛盾又有欠思考。你想想看：如果耶穌說他是神，說他能赦罪、治病，那他要不是真的做了這些事，就是他撒了瞞天大謊；要嘛他如自己所說真的是神，要嘛他就是兩千年來欺騙了幾十億人。要是他是後者，那他根本不可能是個好道德教師，相反地，他根本是世上最可惡的人。簡單來說，他要嘛是神，要嘛是史上最壞的人之一。在我跟別人談時，之所以要把焦點從「我們為神做了什麼」轉到「耶穌為我們做了什麼」，原因正在於此，因為這樣一來，我們才能好好看看耶穌。

我們當然能玄思冥想到腦子燒掉，也能細細思索「神」這個字該如何定義。可是，一旦你換個角度切入，去探索、細究兩千年前的那位拿撒勒（納匝肋）人，你**一定**能有所獲得，**一定**會見到他真正的樣貌、看到他做了什麼，也會明瞭自己該如何回應。

請注意：當你追尋真理時，很可能會遇上耶穌。

問題討論

1. 傑夫說他當宿舍助理時，常會看到同學們隱藏於心的傷痛。我們為什麼會把傷痛隱藏起來不讓人知道？如此一來又會付出什麼代價？
2. 傑夫說：「我這代人是最孤單、最沒安全感的一代，為了知道自己被愛，我們甚至願意犧牲一切。」你同意他的說法嗎？理由何在？
3. 依你的看法，為什麼在很多人心中，基督宗教的本質就是「討厭同志、不喝啤酒、不刺青」？你認為這是教會造成的？基督徒個人造成的？還是其他因素造成的？
4. 以你的經驗，基督信仰為什麼會變得更看重提供好建議，而非宣告好消息？
5. 如果與耶穌的關係是新律法，這種概念會不會影響你的看法，讓你對基督信仰團體中的規範改觀？你對外在規範的觀點有因此而改變嗎？如果有，為什麼？
6. 傑夫說不管是什麼組織，只要主張道德行為是與神建立適切關係的唯一途徑，他都討厭。你是否同意他的想法？理由何在？
7. 福音書所描繪的耶穌，跟宗教所宣傳的耶穌有什麼不同？
8. 如果神不希望我們僅僅遵循律法，祂會期待我們做個什麼樣的耶穌信仰者？

第三章

基要派、偽君子，以及其他所謂的「基督徒」

Fundies, Fakes, and Other So-Called Christians

有天我看電視新聞時，見到一群人義憤填膺地大談神的審判與怒火，手上還舉著「神恨同性戀」的標語。我看得既困惑又生氣，馬上轉台。另一台播的是音樂獎頒獎典禮，聽了幾個人的謝詞後，我發現每個藝人都感謝神讓他們得獎，於是我心想：哇，還真不知道這些人有宗教信仰！

老實說，我真不知道哪種人更令我生氣：是街上那些成天跟人說他們會下地獄的怪人（這些人的標語實在過時透頂，拿到兩千年前耶穌葬禮都不突兀）呢？還是那些寫了一堆裸女、烈酒、拜金的歌，還感謝耶穌讓他們得葛萊美獎的嘻哈歌手？我覺得神每次聽這些人誇誇其談，一定相當反胃。

不幸的是，正是因為這兩種人老是愛把耶穌掛在嘴邊，很多人才聽到耶穌就皺眉頭。大家不是覺得不想跟這群怪人為伍，就是覺得耶穌也沒什麼了不起，根本改變不了人的生命——那些感謝耶穌讓他們得獎的嘻哈歌手不就是毫無改變嗎？但我想說的是：這兩種人都錯了。

我這輩人抗拒耶穌的原因，也正是耶穌抗拒基本教義派跟偽君子的原因。在第一章裡，我們已經提過耶穌責備自以為是的法利賽人，現在想想：對那些掛著十字架項鍊、卻不依耶穌榜樣而活的人，耶穌又會有什麼好話呢？根據〈馬可福音〉（馬爾谷福音），耶穌用幾塊麵包、幾條魚就餵飽了四千人，你可以想見在場的人有多驚訝、多開心——耶穌簡直成了搖滾巨星。如果當年有娛樂雜誌，狗仔隊一定成天追著他跑。

在這之後，耶穌又在伯賽大（貝特賽達）讓盲人重見光明。大家都見到了耶穌的能力，也希望從他身上得到更多。他當時的反應是什麼呢？

為得到注意沾沾自喜？

利用名聲來傳福音？

要大家為他低頭、闔眼、舉起手？

恰恰相反。他說：「如果有人要跟從我，就得捨棄自己，背起他的十字架來跟從我。因為那想救自己生命的，反要喪失生命；那為我和福音喪失生命的，反要得到生命。」[1]

耶穌難道不知道，如果他想招人建立教會，最好別提那個象徵凌虐、死亡、羞辱的刑具嗎？他居然還要大家背起它？耶穌的確反對法利賽人的律法主義，但他也反對隨波

1〈馬可福音〉8章34–35節。

逐流、空虛浮誇的文化宗教。他想說的是：「我知道自己所行的奇蹟很驚人，我也知道自己有大能，但別為了這種錯誤的理由跟隨我。跟隨我的代價很高、很痛苦、很傷人，這條路很難走，你也可能因此而死。但我保證：在這些傷痛的背後充滿喜樂。這樣你還想跟隨我嗎？」

我們都在某種程度上曲解了耶穌。你是否有時候會冷酷、驕傲、漠不關心？你是否把耶穌當成你的傀儡，讓你可以「奉他的名」為所欲為？對你來說，上教堂是否只是興趣或義務，跟定期剪髮沒什麼兩樣？還是你雖然喜歡關於耶穌的概念，卻對他本身沒什麼興趣？

直到最近，我才發現我也曲解了他。如果我夠有勇氣的話，我會老實承認：在我內心深處，我還是傲慢地覺得自己比別人好。你知道我是怎麼發現這點的嗎？當我不喜歡的人遇上倒楣事時，我常在心裡歡呼：**太好了！他這種人就該如此！**但我忘記的是：如果我這個人「該」得到什麼的話，早就「該」下地獄了。謝謝耶穌，是你的恩典救了我。

我有時則是過於看重宗教戒律，驕傲地自以為是，沒有謙卑地活出信仰。我們需要不斷質問自己：我們真的像耶穌嗎？言行舉止像他嗎？我們是否夠靠近耶穌的心，讓其他人靠近我們的時候，也能感受得到耶穌就在身旁？我祈求自己能永遠像個貧窮、軟弱但生命豐富的傻子，也不要變成傲慢、自以為什麼都懂的傢伙。

基要派

就定義來說，「基本教義派」（fundamentalism，簡稱基要派）指的是「遵循基礎真理，或依基礎真理而活」，在這種意義下，我們大多數人都是基本教義派。然而，這個詞在當代美國文化裡卻有負面意涵，也曲解了「基督徒」的真義。為明確起見，我在這節裡提到「基要派」時，採用的是今日常見的負面意義。

那麼依我們現在的文化標準來看，基本教義派是怎麼樣的人呢？基本上只要你碰上就一定會知道。大家對他們的刻板印象就是穿得整整齊齊的、彈管風琴、在森林小屋裡猛讀《末日迷蹤》（*Left Behind*）系列小說。基要派就是在「賴瑞金脫口秀」（Larry King）裡自稱代表「基督徒」意見，卻讓大家聽得戰戰兢兢的那種人，看起來卑劣、頑固、充滿恨意，有時還很蠢。

基要派很愛在聖經之上附加許多規則。雖然只要好好詮釋聖經，就會知道裡面極少、或根本沒有段落說喝酒、刺青等等有罪，但某些基要派就是堅持這些是罪。他們扭曲經文，讓人以為能不能與神同在，僅僅取決於你皮膚裡有沒有墨水、有沒有喝發酵過的葡萄汁，而且還講得振振有詞，好像很有道理似地。那麼關於關懷窮人、幫助被迫害者呢？只要你不發誓，誰在乎啊？

嗯，在耶穌行第一個奇蹟、把水變成酒之前，[2]他們實在應該提醒耶穌一下酒對信仰有害。

有些基督徒確實真心愛耶穌，但也深信基督徒不能刺青、喝酒，我的一些朋友、家人，還有我認識的一些牧師都是如此，我無意嘲笑這樣的人。我想點出的是：有些人似乎把個人信念看得比生死救贖大事還重。「基要派」從負面意義來說，就是自我中心，光用外在表現來論斷人，以一個人的作為來判斷他是好是壞。他們自己建構了一套道德觀，然後成了這套價值觀的奴隸，最後變得不快樂又虛偽。

聖經裡有些段落讓我不禁好奇：耶穌當初說這些話時，是不是已經預見今日文化了呢？例如〈馬太福音〉（瑪竇福音）裡有一段，是耶穌譴責當時的猶太教基要派：「你們這班偽善的經學教師和法利賽人要遭殃了！你們連調味的香料，如薄荷、大茴香、小茴香等物都獻上十分之一給上帝，但是法律上真正重要的教訓，如正義、仁慈、信實，你們反而不遵守。」[3]

竟然有人以為獻上一點香料就能討神歡心，有時想想覺得挺好笑的。

問題是：我們跟他們有什麼不同嗎？也許很多人是典型的基本教義派，只是自己沒發現而已。我們美國基督徒所做的事，難道不會讓別的文化的人當笑話嗎？

我們向神獻上所謂良好的基督徒言行，卻忽略了更重要的正義與仁慈。
我們全力立法規範同志社群該怎麼過活，卻沒帶給他們恩典、仁慈與尊重。
我們成天在談十一奉獻，但隔壁的單親媽媽卻連房租都付不出來。
我們每天早上嚴守靜默，卻幾乎沒有與耶穌好好對話。
我們不罵髒話，但也沒為附近無家可歸的遊民祈禱。

這全是基本教義派會做的事！事實上，這根本就是基督宗教的恐怖扭曲。死守這些規則的人沒有喜樂，也無法吸引任何人走向耶穌。

2〈約翰福音〉（若望福音）2章1-11節（編注：在迦拿的婚禮中，筵席的葡萄酒快喝完了，耶穌便要僕人準備幾缸水，將水變成了酒，這是耶穌最早在公開場合讓人見到的奇蹟）。
3〈馬太福音〉23章23節。

這讓我想起高中時常玩的把戲。那時我很討厭繫安全帶（別擔心，我現在都會繫了），也因此吃了不少罰單，後來我只要看到路上有警察，就馬上把安全帶拉過胸前，但根本沒扣上，就這樣拉著做做樣子，等警察過了就鬆開。可是有一天我突然想到：我「繫」安全帶的目的好像只是不想被抓，但這項措施，原本是為了保護我的生命啊！而且如果我一開始就繫好安全帶，後來也根本不用鬼鬼祟祟地拉著它——這還比繫安全帶更麻煩呢！

簡而言之，我為了安全的表象而犧牲了真正的安全——而且還更費力！基本教義派的本質就是如此：奉行規則只是為了省麻煩，根本沒把規則當成獲得親密與喜樂的工具。我們以為只要多參加團契活動，就能與神建立關係，成天汲汲營營於與救贖無關的事，甚至還擔起更多擔子。可是，我們幹嘛這樣做呢？基督徒文化只要離開耶穌，就會走味變樣。沒有耶穌，基督宗教不過是古怪儀式、末節瑣事和陳腔濫調的大集合。

扭曲的基督宗教一點用也沒有，因為它既不是神想要的，也不是神喜悅的。讀遍福音書，你會發現裡頭的神喜歡慶祝、愛辦筵席，[4]有時候還會命令人辦筵席。「命令人」辦筵席似乎有律法主義的味道，可是你想想看，既然我們要用律法的方式來處理一些事，何不用律法來找點樂子呢？畢竟進入永生之後，每天都像是在參加婚宴，我們會一起取樂，天天慶祝、直到永遠。所以我每次碰到基要派在街頭義憤填膺地講道時，總會忍不住偷笑，因為我不禁會想：這些正經八百的人進了天堂，看到別人天天歡樂，會多不自在啊？

我有一次聽達拉斯（Dallas）的知名牧師馬特．錢德勒（Matt Chandler）講道，他把宗教跟失敗的婚姻做比較，要大家想像自己將與心愛的人結婚，所以去跟一對已婚夫婦徵詢婚姻之道。結果你去了他們家、也問了婚姻的事，但那位丈夫告訴你說：「哈，結婚實在糟透了。她菜煮得超爛，我好多年前就已經不愛她了，可是我們又不想離婚，所以就湊和著繼續在一起。」你認為我和艾莉莎聽他這樣講之後，心裡難道會想：哇！好像很棒！我真想要有這樣的婚姻！——當然不可能。

跟神的關係也是一樣。要是大家做某些事只是出於義務，而非出於對造物主的真心喜悅，那神的名也不會因此獲得榮耀。我之所以認為在街頭講得慷慨激昂的人其實根本不是為神發言，原因正在於此：天堂不是為畏懼地獄的人設的，而是為熱愛耶穌的人設的。天堂之所以充滿喜樂、生命與祝福，都是因為我們將與耶穌同在。

4〈馬太福音〉22章1–14節；〈路加福音〉15章22–23節。

大學重讀聖經時，我特別喜歡保羅（保祿）的作品。他有話直說、毫不客氣，通常也很有幽默感。其中最具衝擊性的段落在〈加拉太書〉（迦拉達書）裡。保羅寫這封信給加拉太信徒的原因，是他們開始認為耶穌的犧牲還不足以換得救贖，信眾們還得多做些事，才能確保獲得拯救。在保羅的時代，有一群基督徒仍主張猶太化，他們既認為信耶穌才能獲得拯救，也主張要繼續持守猶太律法（如割禮），如此才能與神保持完美的關係。簡單來說，你必須先猶太化，才能信奉基督宗教，只信奉耶穌的人對他們來說跟菜鳥差不多。

保羅說加拉太人弄錯了重點，也失去了福音的純粹性。他們忘了拯救只需要靠耶穌，並不需要加上自己的好行為。也就是說：早在聖經時代，有些基督徒已開始忘卻純粹的福音。我們人類好像就是很希望自己能為救贖做些什麼，所以老是執著於規則、律法，可是耶穌和保羅都不容許這種事發生。雖然福音的真義是轉化、是內在的信仰，但耶穌也相當清楚我們有側重外在行為的傾向。

我認為：一個基督徒越是在意外在行為，就越有可能是想藉此填補內在空虛。在內心沒被耶穌的大能轉換之前，我們只能列出一份外在行為清單，一一照著做，好讓別人認為我們是基督徒。我們人類就是喜歡具體的東西，而非看不見、摸不著的東西，所以我們重視肉體勝於精神、重視律法勝於內心。

保羅一句又一句地嚴詞回應加拉太人：既然我們已經透過信仰領受了耶穌的靈，為什麼還認為自己需要多做些什麼，才能換取、保留這份厚禮呢？保羅毫不動搖，直到信末仍堅定但語帶挫折地說：「弟兄姊妹們，我若繼續宣傳割禮，為什麼還受迫害呢？我若這樣做的話，即使傳基督的十字架也不至於成為他們的障礙了。我倒希望那些擾亂你們的人自己去閹割！」[5]

看到沒有？使徒保羅竟然要那些人自己去「閹割」！只要上網查一下，你就知道「**閹割**」是什麼意思——那代表奪走一個人的男性雄風。哇！如果保羅活在今日，有人告訴我他因為嘴巴太壞被一些教會趕出來，我一點都不意外。

我知道對我們現代人來說，要不要受割禮實在是很怪的「屬靈」問題，但事實上，我們跟這些第一世紀的基督徒沒什麼不同：有些教會很在意洗禮的形式，有些教會嚴格規定服裝，有些教會則是很在意你是加爾文派（Calvinist）還是亞米念派（Arminian）。[6]

---

5 〈加拉太書〉5章11–12節。

6 譯注：簡單說來，加爾文派強調人無法抗拒神的恩典，得救與否已由神預定；亞米念派則主張神普施恩典，但人具自由意志，可選擇接受與否。

可是保羅想強調的是：獨獨倚靠恩典，獨獨藉著信仰，獨獨在耶穌裡，這就夠了。

拯救我們的不是水。

拯救我們的不是割禮。

拯救我們的不是加爾文。

拯救我們的是耶穌。

偽君子

認出基要派不難，認出「偽君子」也很簡單。這種人大多會在基督徒青年營裡高高舉手接受救恩，如果他們夠堅持的話，還會每晚都高高舉手，一週得救五天。這樣的人可能愛戴十字架項鍊、買了好幾本聖經，在臉書的宗教欄裡勾選「基督宗教」。到二十多歲之後，這些偽君子通常很愛說自己更在意「屬靈問題」而非宗教責任。雖然作基督徒當然要屬靈，但這些偽君子常是濫用屬靈一詞來規避責任。

我上大一時，學校很鼓勵新鮮人參加查經班。因為宿舍裡每個人都參加了，所以我覺得自己也該順應潮流，免得被說「不合群」。

祈禱了嗎？**有！**

定期參加查經班了嗎？**有！**

背好〈約翰福音〉三章十六節了嗎？**有！**

有十字架或魚的項鍊或手鐲嗎？**有！**

由衷熱愛、追求、享受耶穌勝過一切？**呃，好像沒有。**

我特別記得有天晚上，查經班結束可能還不到十五分鐘，我就跟幾個朋友到海灘抽煙了。我的良心開始譴責自己虛偽，但我努力忽視它的聲音。不過，我也馬上發現我不是唯一的偽君子。在一所很保守的基督教大學過新鮮人生活，要發現偽君子實在太容易了。物以類聚不是嗎？我們棒球隊練習完都會祈禱沒錯，但沒過幾個小時，大多數人都會喝到擠在廁所狂吐；到了禮拜天，大多數時間我們都坐在一起抽煙，商量下個禮拜還要不要上教堂。但即使如此，**我們大家還是理所當然地認為自己是基督徒**。畢竟當你變成偽君子之後，你才不會停下來認真想想事情好像不太對勁。

大學四年，偽君子讓人對教會敬而遠之的事我見多了。布仁南．曼寧（Brennan Manning）寫過一句很有名的話：「今日世界造成無神論的最大原因就是基督徒，他們言必稱耶穌，為人處世卻一點也不像他。」[7]在美國，每個人都會說自己是基督徒，但這根本是空口說白話。在美國當「基督徒」跟在中東地區當基督徒大不相同，美國可沒有人會因為說自己愛耶穌，就被砍頭或被石頭砸死。有時我不禁會想：如果美國真的發生迫害基督徒的事，能讓我們發現什麼呢？迫害就像烈火一樣，能去蕪存菁，燒去軟弱的糟粕朽木，精煉堅強的銀子和黃金。

偽君子被問到尖銳的問題時，往往立刻變得防衛心很強，把話題轉到過去的一些決定，迴避自己現在的問題。這種情況屢試不爽，每次想到都令我心驚。

我真正追隨耶穌之後，在棒球隊裡又交了一個朋友，他全身都是宗教符號，脖子上也戴個十字架項鍊。每當球隊在車上聊到深一點的心靈問題時，他總是第一個發表意見。不過，他也是全隊最熱中派對的人，總是迫不及待地跟人說他週末睡了幾個女生，前晚又喝得多誇張。

我有一次客客氣氣地找他問了一個問題：「老兄，我有點好奇耶穌該怎麼融入你的生活，你真的覺得耶穌跟你的生活不相斥嗎？」

結果他馬上跟我說他都有去教會，而且很小就舉手接受了「拯救」。

在人生其他領域，我們不會拿過去的善行來正當化現在的惡行。拿婚姻來說好了，如果一個丈夫騙了他太太被發現了，我想他應該不敢振振有詞地說：「我們十年前就結婚了啊！所以我現在當然什麼都能做。我老早就許下諾言了，不是嗎？當年願意許下諾言就代表我是好丈夫！」

如果婚姻和人生其他領域不能如此的話，我們又怎能這樣對待耶穌呢？

要是把這種對待神的方式拿來對待另一半或朋友，會是什麼樣子呢？那就是說：你把十分之一的錢交給他們，禮拜天跟他們多聊一點，跟大家說你們在交往或結婚了，可是其他日子卻胡作非為。你覺得這樣對你們的關係有幫助嗎？你覺得一週裡只要為朋友、伴侶做幾件好事，其他天就可以不理他們、愛跟誰上床就跟誰上床，還到處謊稱你對他們很好嗎？當然不行！可是，我們卻常用這種方式對待神，而且竟然覺得這樣神也會滿意。

有些人認為：**我十歲時就獲得了拯救，所以耶穌是我好哥兒們，難道不是這樣嗎？**

7 Brennan Manning, *The Ragamuffin Gospel* (1990; repr., Sisters, OR: Multnomah, 2005), 199.（中譯本《衣衫襤褸的福音》由校園書房出版）

好吧，從某種方面來說也沒錯，但真正的意義應該不是如此。耶穌的確是你的好朋友，但他可不喜歡你的罪，事實上，你犯罪時他恨透了罪。我們每分每秒都在反叛宇宙的創造者，所以我們根本是宇宙級的叛徒。我們耽溺於聲色、美酒、運動比賽還有宗教，卻忽視耶穌。想到自己每分每秒都在神的臉上吐口水，跟祂說我們只想要祂的禮物，但對祂一點都不在乎，我們難道不該戰慄嗎？但即使如此，祂居然還是愛著我們、找尋我們。

唱反調的律法至上派

「自以為是」指的就是如此——以為自己能稱義、能站在神與他人的面前，都是因為自己的功勞。你是否認為你是靠自己獲得這份榮耀的？是否認為這取決於你做了什麼、或沒做什麼？要是果真如此，那你當然會依然故我，繼續做那些讓你覺得自己很了不起的事。這種想法會讓你目空一切，覺得自己什麼都懂，別人都是蠢蛋。

也就是說，有些自命「虔誠」的人可能很愛凸顯個性、不按牌理出牌。我認識的最自以為是的人，有時才二十歲左右，流行什麼就瘋什麼。在今天，有些最自以為是的人是年輕人，大學校園比任何地方都容易出現這種人。

我記得有一次上哲學課，談著談著就輪到我發言了。上課的人都要對討論議題提出自己的觀點、互相對話。身為基督徒，我從基督徒觀點提出了我的看法，沒想到班上氣氛頓時凍結，好像我的想法荒謬至極。有位同學說：「你不會認為你的觀點是唯一正確的答案吧？傲慢透頂！」

我一直覺得這件事很奇怪：明明大家都是提出自己的看法，為什麼我們基督徒老是被貼上「狹隘」、「獨斷」的標籤？只要仔細想想，就會知道每種看法都有特定立場，都有其「獨斷性」。就拿說我傲慢、不該以為自己的想法是唯一正解的那位同學來說好了，她不也認為自己的看法是對的嗎？她難道沒預設「她對、我錯」嗎？依她的邏輯，她這樣難道不傲慢嗎？

我當時這樣回她：「只因為我依靠的權威有兩千年歷史、數十億信眾，所以我就算傲慢嗎？但妳似乎是把自己當成神，奉『隨心所欲』為權威，這樣是誰比較傲慢呢？是妳還是我？」

還有一次有人問說：「我為什麼要當基督徒？他們全都是偽君子。」我說：「沒錯，我們是偽君子，但每個人也都是偽君子。除非你的意思是說：**除了你以外**，每個人都是偽君子，但我想你不是這個意思吧？」

在基督宗教的世界，自以為是的態度十分普遍，我也不例外，但我每天都向上主祈禱，求祂徹底除去我的這種態度，別再以為自己多了不起。基要派不專指外表整整齊齊、滿嘴宗教陳腔濫調的人，基要主義更是一種心理狀態——在聖經之上增加規則，把聖經沒那麼看重的東西看得很重。

現在有些年輕基督徒很怪，他們看似處處與基要派唱反調，但**實際上**卻仍是基要派。老一輩人好心勸告他們基督徒不該喝啤酒，他們回說：「那我就是要喝啤酒。」有人要他們作禮拜時要穿得莊重、得體一點，他們就說：「我就是要穿緊身牛仔褲和V領T恤上教堂。」

這種人其實更像他們反對的人，而不像他們想追求的典範，他們的言行其實跟他們看不起的人一模一樣——把行為、衣著和其他不重要的事看得很重，以為這些東西是進天國的要件。我覺得這是一種通病，因為大家好像覺得要成為義人**什麼事**都得做，但就是**與耶穌無關**。如果我們自己沒有發現這點，通常表示狀況更為嚴重。

上一輩的基要派還在，只是他們沒那麼常見了。也就是說：現在的基要派未必衣著體面，反而可能穿一條緊身牛仔褲，跟你說要當基督徒非喝啤酒不可。他們的禮拜可能只唱蹩腳搖滾樂，敬拜讚美時花招百出。我有個簡單的標準供你參考：要是你更愛誇耀基督徒的自由，而非增進基督徒的合一，那你可能並不自由，只是你所謂「自由」的奴隸罷了。

真正的自由，是為了愛將所有的權利讓給另一個人。耶穌就是這樣，他自願來到世上活了卅三年，自願被打、被折磨、被釘十字架——全不是為他自己，而是為了我們。

我們每個人都受到邀請

耶穌用浪子回頭的故事來說明天父對全人類的愛。8 故事裡的兩個兒子，一個努力工作、服侍父親；另一個則是先要了屬於自己的遺產，然後說聲「掰掰」就走了，到處旅行、參加派對，最後一文不剩，淪落到吃豬的飼料。

你大概已經在教會聽過這個故事了：故事的主人翁是小兒子，他是標準的紈絝子弟，放浪形骸、花天酒地，後來終於發現日子不能這樣過下去。他感到羞愧、心碎，覺得父親絕不可能再次接納自己當他兒子，但還是有可能讓他在家當傭人，而且回家當傭

8〈路加福音〉15章11－32節。

人，還是好過現在一貧如洗。於是他回家去，準備求父親給他一份工作。

沒想到的是，父親不但沒罵他，還遠遠就向他跑來，擁抱他、親吻他。父親根本不在意他的道歉，反而大宴賓客歡迎他的歸來。他覺得能在家幫傭就心滿意足了，但父親還是把他當兒子看待。總之，這是個優美又充滿恩典、救贖的故事，說明了天父多想找回我們。

不過，教會通常只看這則故事的其中一面，沒注意到它更有趣的另一面：這個浪子回頭的故事是耶穌說給「宗教人士」聽的，不是講給叛逆小子聽的。既然如此，為什麼我們都把焦點放在浪子身上，而非另一個循規蹈矩的兒子身上呢？

〈路加福音〉在講到這則故事之前，提到法利賽人埋怨耶穌不該「接納壞人，並且跟他們一起吃飯」。[9] 看來宗教人士兩千年來沒怎麼變呢！衡量基督徒之心的最佳判準，就是看看他吸引了哪些人，又批判了哪些人。如果耶穌在你心裡，你應該會跟他一樣，吸引到社會上的邊緣人。但在此同時，也會有群人看你不順眼。

耶穌是以這則寓言來回應法利賽人的批評，知道這個背景相當重要，因為這則寓言的重點不只是浪子的得救，也包括哥哥對弟弟獲得拯救的反應。大家都以為這則寓言的主角是弟弟，但從說寓言的背景看來，耶穌是為那些「虔誠」的「哥哥」們講這則寓言的。

聖經上說：「那時候，大兒子正在農場。他回來，離家不遠，聽見音樂和跳舞的聲音。」[10] 大兒子遠遠聽見了宴會的聲音，我挺好奇他那時是怎麼想的。我相信在那當下，他還完全不知道弟弟已經回來了，搞不好他覺得老爸的中年危機終於爆發，竟然找了DJ，還到處掛起布條。

等他發現這場宴會是為他任性的弟弟而辦時，聖經說他「非常生氣，不肯進去」。[11] 他心裡應該在想：太不公平了吧！我為老爸盡心盡力，把他照顧得無微不至，但我弟呢？他不過是個揮霍家產的敗家子罷了！為什麼老爸為他辦宴會，卻什麼都沒給我？

他憤怒地質問父親：「你看，這些年來，我像奴隸一樣為你工作，沒有違背過你的命令，你給過我什麼呢？連一頭小山羊讓我跟朋友們熱鬧一番都沒有！但是你這個兒子，他把你的財產都花在娼妓身上，現在回來，你就為他宰了小肥牛！」[12]

有些人很像大兒子，覺得只要自己好好做，天父就會賞賜厚禮，至於別人？他們壞透了，根本不配從天父那裡得到任何東西。

9〈路加福音〉15章2節。
10〈路加福音〉15章25節。
11〈路加福音〉15章28節。
12〈路加福音〉15章29–30節。

有些人則像小兒子，對過去的所作所為感到羞愧，認為自己不配接受天父的禮物。但實際上，天父是自由贈禮給祂揀選的人，激烈地展現祂的愛與恩典。祂會對犯罪的孩子說：「把那頭小肥牛牽來，宰了，讓我們設宴慶祝！因為我這個兒子是死而復活、失而復得的。」[13]

但對那些自以為是、覺得自己是社會棟梁的人，神也會忽視他們的驕傲，慷慨地邀他們赴宴，說：「孩子啊，你常跟我在一起；我所有的一切都是你的。可是你這個弟弟是死而復活、失而復得的，我們為他設宴慶祝是應該的。」[14]

這則故事吸引我的地方在於：這位父親沒有放棄他的大兒子，沒有脫口而出說：「好，隨便你，反正我跟你弟弟要去宴會了。」

相反地，他聽到大兒子不肯進來參加宴會，馬上跑出去跟他談，想辦法安撫他。很多虔誠的基督徒什麼人都憐憫，就是無法憐憫像大兒子這樣的人。但神不一樣，祂對小兒子施恩，也對大兒子施恩；祂想拯救每一個人，也想賜福每一個人，祂希望虔誠的人、反叛的人都來赴宴。我們可以繼續自以為是、顧影自憐，但也可以歡喜地領受天父的一切恩賜。

想得更深一點，你也會發現：這位父親對兩個孩子都毫無虧欠，但他們都不知感恩，只是表現方式不同而已。

小兒子笨，大兒子驕傲；

小兒子是人迷失了，大兒子是心迷失了；

小兒子輕視父愛，大兒子則以為父愛要靠爭取得來。

我們這些神的兒女，從創世以來也是這樣對待天父的，可是祂還是邀請我們與祂同在，享受祂的一切。大、小兒子要學的功課，也是我們要學的功課：人生的喜樂不在於從天父那裡獲得什麼，而在於如何做祂的孩子、與祂同在。天父已準備了饗宴，我們也全都受到邀請。

事實上，自詡為虔誠信徒的人比誰都難接近基督，因為他們覺得自己已經夠好了。在浪子回頭的故事裡，我們只看到小兒子開開心心接受了父親的愛，但耶穌沒有說大兒子後來有沒有參加宴會，這則寓言沒有結局。那位父親試著安撫大兒子、邀他一同參加

13〈路加福音〉15章23–24節。
14〈路加福音〉15章31–32節。

宴會，但大兒子的反應如何，則不得而知。

耶穌用這則沒有結局的寓言，作為對我們這群「大兒子」的邀請。他真正想問的是：**你願意參加宴會嗎**？

無論你是第一次尋找耶穌，或是曾經假裝自己遇見了他、現在又重新回頭找他，或是曾在聖經之上添加自己的規則、希望能藉此成為義人——想接近耶穌，一定需要他的恩典與真理。不論是嘻哈歌手、在街上兇你的人，或是剛參加完查經班就去抽大麻的棒球隊員，都無法讓你認識耶穌。我們有時是誤解真理，另一些時候則誤解了恩典。

然而聖經裡的上主是慈愛的天父，不僅充滿恩典，**也**充滿真理。

問題討論

1. 傑夫說他有時也執迷宗教律法與過時的正統教理，卻忽視活出信仰。你呢？
2. 你是否也認為在宗教圈裡，大家更在意規則（如不可喝酒、不可發誓、不可刺青），卻很少對窮人、被壓迫的人付出同樣的關心？

3. 依你之見，一般基督徒對同志社群的態度是否展現了慈悲、公義與信仰？理由何在？

4. 傑夫說：「天堂不是為畏懼地獄的人設的，而是為熱愛耶穌的人設的。」你又怎麼看天堂呢？

5. 「在內心沒被耶穌的大能轉化之前，我們只能列出一份外在行為清單，一一照著做，好讓別人認為我們是基督徒。」你也有過類似經驗嗎？如果有的話，請分享一下。

6. 如果看你吸引、批判了哪些人，就能發現你真實的信仰，你會怎麼做？

7. 在浪子回頭的寓言裡，那位父親希望兩個兒子都能參加宴會。你呢？你想參加還是想抗拒？原因何在？

第四章

宗教製造敵人／耶穌帶來友誼

Religion Makes Enemies / Jesus Makes Friends

有天傍晚我照舊跟朋友一起去打街頭保齡球，沒想到單純的娛樂變了調。我們一群人剛進了常去的巷子、擺好保齡球瓶，馬上發現有另一夥人。他們是附近一所新成立的中學的學生，在轉去新學校前，他們還跟我們同校過兩年。但因為某些原因，他們轉校之後成了鎮上的新勢力，我們也越來越看彼此不順眼。

巷子裡突然充滿緊張氣氛。那時橄欖球季才剛結束，而在球季之中，我們之間摩擦不斷，已遠遠超出「友好競爭」的範圍。他們不喜歡我們，我們也不喜歡他們。我們惡狠狠地互瞪，但雙方都不想生事。

我們玩完要離開時，他們其中的一個女生拿了張字條給我，上面寫著他們多厭惡我們這群人。中學生血氣方剛，看完之後我們覺得忍無可忍，絕不能善罷干休。於是，我們跟他們說幾小時後公園見，大家堂堂正正地把事情做個了結，他們也同意了。

我知道我們這邊有很多人抱著看好戲的心態，等著看兩所學校撕破臉，所以找了不少人「共襄盛舉」。但我們不知道的是，對方那群人也做了一模一樣的事。最後雙方人馬浩浩蕩蕩到了公園，合計至少有一百五十人。我們開始相互叫罵，也越走越近，一場鬥毆似乎勢不可免。但就在那時，我們聽到了警車聲，大家開始亂成一團，四處逃竄，盡可能遠離這個是非之地。

那是我這輩子腎上腺素迸發最多的一次。我一開始很氣事情就這樣不了了之，但後來卻不得不信那陣警車聲是神的恩賜，因為我們第二天才聽說，當時有個流氓帶了槍去那裡。

要是警方沒適時出現，那場群架絕不可能善了，更何況還有人帶了把槍，誰知道狀況會變得多嚴重？我也不禁開始想：我們為什麼要去那裡呢？我跟那群人一、兩年前不還是朋友，彼此有說有笑的嗎？我為什麼要讓自己陷入那種處境呢？

我們都學了製造敵人，也都學會了捍衛自己、把自己放在別人之上，隨時隨地都想找機會跟別人鬥上一場。打從出生開始，「我們」便學著如何與「他們」對抗。例如升上高年級之後，就應該瞧不起低年級的菜鳥；身為投手，要是對方打擊者態度輕浮，就該狠狠賞他一記觸身球。

黑人對上白人；

保守派對上自由派；

富豪對上窮人；

共和黨對上民主黨；

美國對上交戰國；

洋基隊對上紅襪隊（要是你親自看過他們的球賽，就會知道兩隊的競爭非同小可。球賽之後常常出事，紐約和波士頓雙方都該負責）。[1]

這種彼此競爭、敵對的心態出現得相當早，早到我們很少會發現。我們很喜歡擊垮別人，因為這能帶來道德優越感，讓我們覺得自己是個有道德的人。就敞開來說吧！有些時候，基督徒的這種態度還更加明顯——我們的教會比街頭的基要派好、我們的禮拜方式比之前的教會更好……

加爾文派對上亞米念派；

互補論（Complementarians）對上平等論（egalitarians）；

靈恩派（Charismatics）對上終止論（cessationists）；[2]

天主教對上新教。

對立雙方各執一詞、互不相讓，好像這些問題真的那麼重要，重要到外面奄奄一息的世界會很在乎似的。

我的意思不是說澄清差異毫無必要，但在〈約翰福音〉（若望福音）裡，耶穌祈禱我們能「合而為一」，[3]合而為一的唯一途徑，正是好好討論彼此見解不同的議題，不要流於情緒或謾罵。

如果神的家庭跟其他地方一樣，會分裂、甚至猶有過之，那麼非基督徒又怎麼可能想加入我們的行列呢？有些時候，**我們怎麼討論問題，就跟我們為什麼要討論這些問題一樣重要**。

1 "Boston Police Accept 'Full Responsibility' in Death of Red Sox Fan," CNN.us, October 22, 2004, http://articles.cnn.com/2004-10-22/us/fan.death_1_victoria-snelgrove-police-commissioner-kathleen-o-toole-dreadful-irony?_s=PM:US (accessed January 29, 2013); "Brutal Yankees–Red Sox Fan Fight Caught on Video at Yankee Stadium," CBS New York, April 30, 2012, http://newyork.cbslocal.com/2012/04/30/brutal-yankees-red-sox-fan-fight-caught-on-tape-at-yankee-stadium/ (accessed January 29, 2012).

2 譯注：互補論與平等論的主要爭執點是教會、家庭中的性別問題，前者主張男女角色雖可互補，但有區別，故女性不可領受牧職；後者則認為在神面前人人平等，女性亦可被按立為牧者。靈恩派與終止論的爭執點則是：使徒時代結束之後，上主是否繼續施予超自然屬靈恩賜？靈恩派認為此類恩賜持續存在，終止論者則主張這類恩賜已隨使徒時代結束而終止。加爾文派與亞米念派的爭執請見第三章注六。

3 〈約翰福音〉17章21節。

宗教的攻擊清單

可惜的是，宗教製造敵人的能力是出了名的。女性？同志？穆斯林？咱們都把他們變成敵人吧！沒錯，我知道不該一竿子打翻一船人，也知道宗教並非成天在做這種事。可是從歷史的角度來說，很清楚的是：宗教製造敵人的原因，多半是因為人以為能靠自己的義與神同在。

即使是史達林、希特勒那種無信仰者，也是依照這種邏輯行事，他們自以為是、覺得自己道德高人一等，[4]就是這種思維讓他們犯下彌天大罪。人一旦開始這樣想，就很容易以為自己是靠著努力站在神的一方、站在善的一方，同時把不按自己方式過活的人妖魔化。

別以為這是什麼陳年舊事，只要打開電視看看新聞，就會知道基督徒的敵人是什麼樣子，宗教人士和真心熱愛福音的人之間最大的不同，就是宗教人士把某些「人」視為敵人，追隨耶穌的人則將「罪」視為敵人。

據我所知，我是自己最糟的敵人。除我以外，沒人更能令我悲傷、痛苦、頭疼。聖經從來不曾叫我對抗和我不同信仰的人，倒是常提醒我要跟自己的罪及內在缺陷對抗，因為正是這些東西讓我遠離耶穌。5

還有另一個不同之處在於：宗教人士認為製造問題的是「他們」，追隨耶穌的人則認為製造問題的是「我們」。

當耶穌要第一批門徒愛自己的敵人時，6 並沒有加上但書說：「只要他們言行舉止都像你們，就愛你們的敵人。」愛敵人意味著愛「他們」、愛和自己不同的人。馬丁．路德．金恩（Martin Luther King）明明是依基督徒基本原則而行，卻被一些人視為激進分子，這實在是令人難過的事。聖經從未要我們為政黨而戰，也從未要我們為在公立學校祈禱而戰。事實上，基督宗教在歷史上最受迫害、最受政府打壓的時期，正好也就是它發展最快的時期。7

我永遠記得自己想通這點的那一刻。當時我跟我媽在一家物美價廉的小館子吃中飯。開始吃東西時，我突然覺得有點不安：我現在是基督徒了，但我媽卻是個公開出櫃的同志。照「道理」說，我不是該恨她嗎？不是該跟她「斷絕往來」嗎？她難道不知

4 Richard Overy, The Dictators: Hitler’s Germany and Stalin’s Russia (New York: W. W. Norton, 2004), 265–303.
5〈歌羅西書〉（哥羅森書）3章5節。
6〈馬太福音〉（瑪竇福音）5章44節。
7 Nik Ripkin, The Insanity of God: A True Story of Faith Resurrected (Nashville: B & H Books, 2013).

道，同性戀不可能承繼上帝之國嗎？[8]

不過，我決定傾聽一下她的心聲，畢竟她是我媽啊！就在那時，我聽她娓娓道來悶在心裡多年的想法、感觸與心情，聽她說某些宗教團體多傷害她。這些粗暴的行為都是一些所謂的「基督徒」做的，他們願意接納犯下其他社會默許的罪惡的人，給他們恩典、給他們救贖，卻獨獨排擠我媽。令我難過的是，我知道她說的都是真的，因為我也親眼看過這些事。

我聽說過多少次，有些教會領袖前一晚還在看黃色書刊，第二天就振振有詞地譴責同性戀是罪？有多少耽溺口腹之欲的胖牧師，信誓旦旦地說同性戀會下地獄？又有多少小組帶領人自己離了四次婚，卻義正辭嚴地指責同性戀犯了大錯？我常常覺得奇怪：為什麼聖經談離婚的次數明明比同性戀多，可是教會好像很少譴責離婚，卻一直挑同性戀窮追猛打？大家對同志議題異常敏感，動輒予以譴責，可是你有看過同志團體譴責大眾過於貪吃，在肯德基或吃到飽店外舉牌抗議嗎？沒有。

出於某種原因，教會把同性戀放大成滔天大罪，我媽也感受到了這股強烈的敵意。宗教人士特別愛對這件事鑽牛角尖，不厭其煩地一提再提。他們很愛引用〈哥林多前書〉（格林多前書）裡的一段話，繼續談下去之前，我們就先來看看這段：

難道你們不知道邪惡的人不能作上帝國的子民嗎？不要欺騙自己呀！凡是淫亂，拜偶像，姦淫，作孌童，親男色，盜竊，貪婪，酒醉，毀謗人，或勒索人的，都不能作上帝國的子民。

你們當中，有些人從前正是這樣。但是，你們已經被洗淨，已經被聖化歸上帝，已經藉著主耶穌基督的名和我們上帝的靈得以跟上帝有合宜的關係了。9

就我看來，這段話並沒有說同性戀比其他的罪更重，你覺得呢？

事實上，我覺得保羅（保祿）的用意在指出每個人都犯了罪，他想強調的是每個人都不夠好。有些人從這段話裡獨獨挑出同性戀來譴責，那我們乾脆一一檢視這段話裡提到的其他罪吧：

8 在〈哥林多前書〉（格林多前書）5章9–13節中，保羅（保祿）要哥林多教會「從你們當中把那邪惡的人開除」，他也特別提到那些自稱為基督徒卻淫亂的人（雖然他也一一點出了貪婪、拜偶像、酒醉，以及其他無法被社會接受的罪行）。身為基督徒，我們確實應該與自稱信徒、卻不斷公然犯罪的人保持距離，然而，這並不代表我們不該繼續與他們往來，不該尋找他們、給他們恩典，也不代表該迴避犯罪的教外人士。保羅說過「上帝自然會審判他們（教外的人）」，所以，我們不必越俎代庖審判他們。身為基督徒，我們該做的是將神的恩典呈現給教外的人，讓他們自然而然地愛上神。

9〈哥林多前書〉6章9–11節。

你動過淫念嗎？有看過黃色書刊嗎？有的話——**有罪**。

你曾喜歡別的東西勝過上帝嗎？**有**。

除了你的配偶之外，你曾迷上其他人，或與其他人有染嗎？**唉……**

你偷過東西嗎？**我有**。

你對錢貪得無厭嗎？**有**。

你喝醉過嗎？**很多次**。

你曾毀謗人嗎？**我甚至不太確定「毀謗」的意思，但我想我鐵定犯過這種罪**。

我不知道你的「成績」如何，但我分數不太高。不過，讓我們再來看看這段經文的最後說了什麼。哥林多人顯然犯了不少錯，也沒好好效法基督，可能有些人還繼續在犯這些錯，所以保羅才會特地寫了封信給他們。但即便如此，保羅還是說：「但是，你們已經被洗淨，已經被聖化歸上帝，已經藉著主耶穌基督的名和我們上帝的靈得以跟上帝有合宜的關係了。」

他提醒他們記起自己如何得救。

他提醒他們不要用罪惡來衡量自己。
他提醒他們注意自己已經不一樣了，可以大大方方地走出罪惡。

這句話多大膽啊！保羅竟然對他們說「你們已經被洗淨了」！這句話最棒的一點在於：哥林多人似乎不用做什麼事就能被洗淨，保羅不是說「你們得洗淨自己」，而是說「你們已經被洗淨了」，一股外在力量已經洗淨了哥林多人——這就是恩典的信息！如果你是基督徒，也正打算談談〈哥林多前書〉六章九到十節，我建議你最好連十一節一起包括進去。

我們只有在瞭解自己已在基督裡被洗淨、更新之後，才能拋開自己的罪。我們無法靠自己遠離罪惡，因為我們是貪婪、骯髒、好虛榮、崇拜偶像的小偷，但只要相信耶穌，他就會洗淨我們的罪。他救了我們，也救了一切的人。所以，當我們和「理論上」該被憎惡的人同桌時，至少應該傾聽他、愛護他，就像耶穌愛護我們一樣。

讓我們回到同志議題上。我覺得很難讓你知道我對這議題有過多少掙扎。對我來說，這不是思辯上的抽象概念，而是活生生的個人經驗。身在其中的人，是我在世上最親的人之一。

是她養育了我。

是她照顧了我。

是她為我犧牲。

坦白說，這個問題我反反覆覆想了很多。這樣對嗎？這樣錯嗎？對或錯的理由又是什麼呢？

我想說的是：我不斷說服自己同性戀沒問題，不斷在經文裡尋找證據，想告訴自己神認可這件事。但在不斷祈禱、掙扎了好幾年，也參加了不計其數的查經班之後，我還是沒辦法得到這樣的結論。根據聖經，我不認為同性戀比其他的罪更重，但我還是覺得這扭曲了神的創造秩序。

然而重點在於：雖然我跟我媽對這件事的意見不同，我們**依舊**深愛對方。

你發現重點了嗎？**我們依舊深愛對方**。

我們開放、坦承地談了同志議題，有時還談得相當辛苦。但不論是誰，都沒有因為辛苦就掉頭就走，或罵對方冥頑不靈，也從沒有氣呼呼地不歡而散——這正是愛。

愛始終存在。
愛始終跟隨。
愛始終環繞在我們的關係中。

因為有愛，所以當我媽和我談同志議題時，比任何人都能讓我理解。因此，我想大聲而清楚地說：我們的社會若想繼續繁榮，就一定要學會如何健康、尊重而深入地討論這項議題。

我認為我們之所以無法好好談論這個議題，是因為每次一談，雙方都覺得自己的身分認同受到攻擊。畢竟，這個議題不僅牽涉到雙方做了什麼，也牽涉到雙方如何看待自己。同志會說：「我天生就是同性戀，這是無法改變的事實。」所以當他們的性傾向遭受攻擊時，他們會覺得受到人身攻擊。對基督徒來說也是如此，當他們被指責頑固、心懷怨恨時，他們會覺得不反同性戀，就不算追隨耶穌。如果討論同志問題時不斷踩到對方的身分認同，我們當然很難好好談下去。但我們如果能暫時擱下這個問題，以永恆真理為標的，或許能談出一些東西。

我們可以不要永遠彼此謾罵，各自活在原先的小圈圈裡嗎？每當有人說我頑固，我總是一笑置之，因為跟我最親的那位同志並不覺得如此。她真正瞭解我，沒人比她更有資格罵我頑固。

美國人總以多元社會為傲，但真正的多元，是各種理性的世界觀能自由發聲，是抱持不同觀點的人能親密共處。然而在美國，我們只會彼此攻訐，只想躲到看法一致的人那裡彼此取暖，這根本不叫多元，而是組小圈圈。如果你生活在這樣的社會裡，一定無法認識愛的真義。

跌跌撞撞跨過終點

「不犯罪」指的不是「不惹麻煩」，而是全心相信造物主完全瞭解祂的創造，也計畫好了要讓世界以特定方式運行。離開祂的創造秩序便是扭曲，要是我們堅持走歧路，便意味著我們把自己當成了神，比神更瞭解什麼才是好的、對的。我們最需要回應的問題不是同性戀、偶像崇拜、酒醉、貪婪或對錯，而是：我們是否相信上主最瞭解世界？亦或認為自己的思維、意志、情緒會做出最正確的判斷？

我想說的是：人不會只因為是同性戀就得下地獄，從來不會。幾百萬年來，神也沒有因為一個人是同性戀便將他打入地獄。人之所以會下地獄，是因為他們想當自己的神、想做自己生命的主宰、想自己決定是非對錯。

事實上，我們每個人都是跌跌撞撞跨過終點的。在耶穌裡當然有勝利，藉著基督，我們當然也會大獲全勝，就像使徒保羅說的一樣。但不該忘記的是：即使是保羅，身體也始終疼痛、像是插了根刺。[10] 大多數人在靈性上都有致命弱點，也遲早都會有靈性痛苦與創傷。有些人跨過終點時，仍在與色欲奮鬥；有些人跨過終點時還是貪吃；同樣地，也有些人跨過終點時還是被同性吸引。

問題的重點並不在一個人是好是壞，而在於一個人有沒有懺悔。誰是他生命裡的神？誰是主宰？他們一生追求的是什麼？他們是相信神還是相信自己？好好思考一下。我相信只要耶穌的恩典重重撞擊一個人的心，那人一定會越來越靠近耶穌，一天比一天更肖似於他。

我們確實有盼望、也會得勝，但要切記的是，我們也受召要嚴肅對待罪惡，竭盡全力遠離它、奔向耶穌。〈希伯來書〉的作者很明確地說：我們「應該排除一切的障礙和跟

10〈羅馬書〉8章37節；〈哥林多後書〉12章7節。

我們糾纏不休的罪，堅忍地奔跑我們前面的路程。我們要注視耶穌，因為他是我們信心的創始者和完成者。」[11]

〈希伯來書〉承認障礙重重，我們身上一直沾黏著罪，就好像衣物烘乾後老是沾著棉絮一樣。然而，〈希伯來書〉還是要我們堅忍，不斷注視著耶穌，一直盯著他看，千萬不要閃神。因為耶穌是我們信仰的起點與終點，信仰依恃的是他，而不是我們，只要一直注視著他，我們便能持守信仰。所以千萬不要驕傲，千萬不要認為這場賽跑的主角是菁英、是「好人」，或是夠資格的人，不是！這場賽跑的主角是邊緣人、低下的人、受排擠的人。

聖經裡最吸引我的段落之一，是那位井邊婦人的故事（記載於新約〈約翰福音〉）。[12]她是第一位獲耶穌揭示自己是救世主彌賽亞（默西亞）的人。這不挺有趣的嗎？耶穌第一次透露自己是彌賽亞的對象，並不是什麼達官顯要，而是一位撒馬利亞（撒馬黎雅）婦人。

我來多提供一點背景知識：在新約時代，撒馬利亞人不被承認為「正港」猶太人，只被當成猶太人和外邦人的「雜種」，猶太人普遍看不起他們；更何況她還是女人，在那個時代，她等於天生就是次等公民；最糟的是，耶穌點出她婚姻情況混亂，結了又離、離了又結。但也就是在這當口，耶穌向她表明了自己的真實身分，讓她成為〈約翰福音〉裡第一個知道耶穌就是彌賽亞的人！此外，耶穌不僅沒有指責她的婚姻狀況，反而大方告訴她自己是「活水」，只要喝了，她就永遠不渴。

這個故事告訴我們：耶穌——也就是神——親自將廣大的恩典與殊榮，給了一個血統不純、低社會地位、重婚又淫亂的婦人。耶穌會這樣做不是沒有理由的，因為神總是愛找邊緣人，如此一來，祂的拯救才會被真真切切地視為恩典，而不歸功於被拯救之人的智慧。耶穌全然摧毀了社會、性別、經濟的框架，對他來說這些藩籬毫無意義，對初期教會也是一樣。新約裡的基督徒，最令人感動的是他們對鄰人的愛，但今天的基督徒，最為人詬病的卻是排擠低下的人。

就我看來，問題的根本就是偶像崇拜——將任何人或事放在耶穌之上，將其視為價值、快樂或身分認同的終極根源。偶像崇拜的問題在於：一旦你將沒那麼重要的事神格化，也就把另一方的東西妖魔化了。想知道一個人有沒有將政治偶像化，只要看他有沒

11〈希伯來書〉12章1–2節（譯注：據現代聖經研究，〈希伯來書〉的作者並非保羅，故作者此處稱「希伯來書的作者」而不稱保羅）。

12〈約翰福音〉4章1–24節。

有把對方陣營的人妖魔化就好了。共和黨員當然可以不同意民主黨員的意見，並為自己的信念與民主黨員辯論，然而，如果哪位共和黨員不僅如此，還將民主黨視為一切罪惡的淵藪，那他便創造了一個偶像，創造了一個虛假的、沒有意義的神。換句話說，如果你將自己認為對的事偶像化，便是將那些與你不同的人妖魔化，把他們貶為「邪惡的」、「世俗的」。

想知道自己把什麼東西偶像化了嗎？只要看看你把什麼東西妖魔化了便知。如果你把耶穌當偶像，自然也會把魔鬼當魔鬼——對我來說，這有道理多了。如果你把耶穌和他的義視為終極目的，自然也會把魔鬼視為邪惡的根源，而不至於錯認政治、財富、性別是問題的根本。你當然可以與人辯論，但要是你已將某種東西當成神，那你自然會不惜花上龐大的精力去捍衛它。

美國談話節目名嘴比爾．馬艾（Bill Maher）的觀點，我大部分都不能認同，但有一點他說得沒錯：

> 新規則：如果你自認是基督徒，卻主張凌虐、殺死你的敵人，那你最好別再說你是基督徒……

「汝當誆騙敵人」不是耶穌會做的事……

我不是在論斷你，只是想釐清一下邏輯：如果耶穌要你做的事你都不做，你當然不算基督徒，只是口頭上說說而已。

這樣的人不算追隨基督，充其量只算是基督的粉絲。[13]

我們是不是該認真嚴肅地看待耶穌，而不要只是假裝很在乎他呢？由於比爾並不是基督徒，所以有時我覺得不用理他說了什麼（他根本不懂自己談的是什麼！怎麼還敢講得那麼振振有詞呢？），但我不得不承認的是：這一點他說的其實沒錯。

如果你曾見過許多所謂的「基督徒」如何對待特定族群，因而從此對「基督徒」退避三尺，卻還是想進一步認識耶穌，我想跟你說的是：他們也許根本不算基督徒，只是打著「基督徒」的名號而已。如果我們真的愛耶穌，就該追隨他、學習他的榜樣，而不要只是當個粉絲。世界在等待我們，而且它能告訴我們其中有何不同。

---

13 Bill Maher, "New Rules," Real Time with Bill Maher, 213, HBO, May 13, 2011, http://www.hbo.com/real-time-with-bill-maher/episodes/0/213-episode/article/new-rules.html (accessed January 29, 2013).

問題討論

1. 為什麼愛「他們」如此之難？
2. 傑夫說基督宗教在受壓迫、被禁止的時候，也是發展最蓬勃的時候。你認為為什麼會這樣？
3. 你是否曾試著自己洗淨罪過，而不讓耶穌用恩典洗淨你？
4. 耶穌這個人的什麼地方最吸引你？請說說看。
5. 傑夫認為，偶像崇拜指的是「將任何人或事放在耶穌之上，將其視為價值、快樂或身分認同的終極根源」。我們為何會把其他事物放在耶穌之上呢？你的價值、快樂與身分認同又在哪裡？
6. 如果你真的追隨耶穌，人生會有什麼不一樣嗎？

第五章

對宗教來說，人有分好人和壞人／對耶穌來說，只有需要恩典的壞人

With Religion, There Are Good and Bad People / With Jesus, There Are Only Bad People in Need of Grace

再回頭談談我大學棒球隊的時光。因為要到處比賽的關係，我們常搭巴士到處跑，車程短則幾小時、長則數日。要當大學運動選手，非得習慣坐長途車不可。隊友和我總是盡可能把包包塞滿零食、在 iPod 裡灌好愛聽的歌。大家當然也會把作業帶著，但我們通常花更多時間在聊天而非作業上頭。

有一次我跟隊友聊起耶穌的基本教誨，我提出事實證明它們具歷史可信度，我朋友則提出一些理由來反駁我。我喜歡這樣的對話——雙方都絞盡腦汁認真參與，認真思考、也認真反駁對方。但我們後來卡住了，因為我說：「耶穌已為你的罪付出代價，你不必再惦記著罪不放。」我朋友回說：「耶穌也許為殺人犯和戀童癖付出了代價，可是我沒有殺人，沒那麼壞啊！」

很有趣的是，這不是我最後一次聽到這種回應，事實上，我念大學時大概聽了有上百次這種回答。大家總堅持自己「沒那麼壞」，總是以為：**我沒有殺人、沒有逃稅、對人也不錯，更重要的是，我比周遭大部分人都好，所以神一定愛我吧！**

我們和耶穌之間的問題，並不在於他白白給予我們生命與恩典，而在於我們必須承認自己需要恩典。如果一個人根本不認為自己需要拯救，那你就很難說服他耶穌是偉大的救主。

依等比曲線給分？

我大學念的是政治學系，當初的志願是當律師，或是在老家的中學教社會與政府。對我來說，社會學、政治學等人文科學，比解剖學、化學等自然科學容易得多。當時有一門必修的生物課，雖然內容有趣，但我還是學得一塌糊塗，學習成果也完全反應在分數上。不過這門課最棒的地方在於：老師是用等比曲線計分的。也就是說，他會先把全班最高分當成一百分，然後再依比例重新調整每個人的分數。

對我這種學生來說，這種計分方式太棒了。我一向不會考試，知道這門課是這樣計分之後，我不再努力讀書、祈禱自己會考好，反而祈禱沒人會得高分，這樣大家的成績都不會太差。既然成績不是照絕對標準打的，那只要不差人太多就是好成績。

大家就老實承認吧：我們也以為神是這樣為人類計分的，不是嗎？我們把祂當成皺著眉頭、拿著放大鏡的教授，以等比曲線為我們的行為打分數。就統計上來說，如果老師是依等比曲線給分，成績分佈就會像典型的鐘形曲線：高分和當掉的人都很少，大部分人的分數都不會差太多。很多人也是這樣看人性的：金恩博士和甘地得Ａ，絕大多數人成績平平，希特勒和史達林當掉。

我們常看著社會中的偉人說：「啊，這只有少數人才做得到。」然後再回過頭來看著史上的大奸大惡之人說：「我可沒他們那麼壞，所以我一定能上天堂。」但實際上，神不是依曲線給分，而是依十字架給分。想靠著好好做人進天堂，不啻是想從加州直接跳到夏威夷：有些人還沒跳就滑倒了，有些人跳了三呎，有些人跳了十呎，但沒人能靠近夏威夷——想這樣做的人根本是白癡。

如果你也這樣看待神，我可以理解，畢竟我生命裡有十九年也是這樣想的。在我記憶裡，我一直算是好孩子，爸媽、老師、教練都這樣說。上中學之後，我也沒做什麼「壞」事——誰會苛責一個中學生成天看色情刊物、偶爾大發脾氣呢？就算被退學好了，也算不上窮凶惡極。更何況我做這些事有成堆的藉口好用——我爸沒好好教我怎麼做人、我做的事大家也都在做……等等。總之，我基本上算是「好人」，我沒殺人，對長輩也算有禮貌。

我靠著外在表現和別人的讚許來型塑自己的價值、身分認同與人生目標，我犧牲自己的人生好讓別人認為我是好人。誰在乎我的真面目呢？反正只要他們覺得我是好人，我也不想多想什麼了。我很好奇有多少人跟我一樣，只要別人認為我們是好人，就根本不在乎自己的人生實際上是什麼樣子。外在名聲比內在轉化重要得多。

我中學時的棒球教練是位虔誠的基督徒，有一次練習完他跟我聊天，問了一個讓我十分不安的問題。他說我們人類太關心外在表現，但神在意的卻是內在。講完之後他問我：「傑夫，如果在你腦子裡裝個投影機，播放你過去一小時裡出現的念頭，我們會看到什麼呢？如果播放的不是一小時，而是一個月、甚至你一生的念頭，我們又會看到什麼呢？」

在那當下我覺得狼狽無比，像是做了壞事被活逮一樣。如果有人看到我的種種念頭，我大概再也沒臉見人。可是神看得到我們的內在，而且每個念頭都看得清清楚楚。不過祂是邊看邊說：「看來我得去救救傑夫。」臉上還帶著一抹微笑。我的心大受震撼，突然明白：努力證明自己夠好，其實會讓我離天堂越來越遠。「恩典經濟學」對大多數人來說都像是悖論——認為自己夠格的人會失敗，承認自己不行的人反而成功。在這種經濟學裡，並不存在「鐘形曲線」。

與人比較是死路一條

我最近去了烏干達鄉下的一間孤兒院，那裡很美、很祥和。他們和美國小孩之間的幾個小差異之一，是全院只有一面鏡子，而且孩子們大多不會去那邊閒晃。因為這樣，他們會透過別的方式認識自己的長相。例如聽聽朋友怎麼說自己、到水邊看看自己的樣子，不然就乾脆不把這件事放在心上，很長一段時間不知道自己的模樣。那麼，如果有個孩子在泥濘邊看自己的倒影，他能看清自己的長相嗎？當然不可能。如果那灘爛泥巴裡雨水夠多的話，或許他還能看出一點東西，但即使如此，那灘泥水所反映的樣貌仍是極度扭曲的。

我們跟別人比較時，不也是這樣嗎？我們不是很愛找道德不佳的人來比，讓自己感覺良好？這跟從泥濘裡看自己的長相有什麼兩樣呢？這根本沒辦法讓我們認清自己的樣貌，可是很多人好像認為可以。如果我們真的想看清自己，當然應該去照照純淨、平滑的水面，這樣才能看個仔細——也就是說，我們該去找耶穌。

耶穌就是純淨、平滑的水，能讓我們立刻發現自己的不足。你也許覺得：「那又如何？反正我從沒對另一半不忠。」可是依照耶穌的標準，你很可能有，因為他說：「你們聽過古時候有這樣的教訓說：『不可姦淫』。但是我告訴你們，看見婦女而生邪念的，已在心裏姦污她了。」[1]哇！看來耶穌不但沒降低標準，還把標準提得更高，把戰場從外在延伸到內在！如果我們夠誠實的話，就會明白無論是心思、意念或行為，我們都處處與造物主作對。

在〈馬太福音〉（瑪竇福音）裡，耶穌也說了一段乍聽之下令人極感灰心的話：「我告訴你們，你們一定要比經學教師和法利賽人更忠實地實行上帝的旨意，才能夠進天國。」[2]當時在場的人聽他這樣說，一定一片譁然。我彷彿能看到他們交頭接耳地說：「他是認真的嗎？沒說錯話吧？怎麼可能！法利賽人可是世上最虔誠、最正直的人啊！我們怎麼可能比他們更好呢？」

法利賽人是模範生、是菁英分子，是宗教裡的精銳，可是耶穌卻說連他們都不夠優秀。耶穌也清楚地說明了理由：雖然他們的行為表現循規蹈矩，但內心污穢，像個外面乾淨裡頭髒污的杯子。

其實理性想想：我們真的想透過與別人比較外在表現，來決定永生這種大事嗎？至少對我來說，我不想用這種標準決定我的生命方向，更別提永生了。另外，老是忙著跟別人比不是很累嗎？況且我們不只在道德上愛跟人比，在社會地位、經濟能力，還有數不清的各種事情上，也老愛跟別人比。這樣不累嗎？對我來說，跟隨耶穌最棒的事之

1〈馬太福音〉5章27–28節。
2〈馬太福音〉5章20節。

一，就是不再對外在行為患得患失，在承認自己的確不夠好之後，反而能自在地邁出每一步——這正是福音。

「每個人都不夠好」是個好消息

直到今天，我彷彿還能聞到主日學教室裡難吃的點心氣味，還能看到那張髒兮兮的黑板。我坐在橘色塑膠椅上，穿著仿冒的童子軍制服，老師在前面講聖經故事給我們聽，邊說邊拿出穿長袍的紙板人偶當教具。

我每週都聽她講舊約裡的英雄人物，像大衛（達味）、挪亞（諾厄）、亞伯拉罕（亞巴郎）、約拿（約納）等等。我總是一邊聽老師說故事，一邊想像故事裡的場景，覺得聖經的世界相當可愛。不過，雖然我一直是個視覺型學習者，但對那個幾千年前的世界，卻還是無法在腦海裡好好勾勒出來。

那時候的我，就跟每個喜歡英雄的小孩子一樣，希望自己也能跟那些英雄身處於同一個時空。

我好想和大衛呼吸同樣的空氣，好想搭上挪亞的那艘方舟。我中學時看了「歡樂谷」（Pleasantville）這部電影，覺得它總結了我當時對聖經世界的想像：善惡是非分明，沒人會受傷害，沒人賭咒，大家都很完美。我記得當時邊看邊想：「就是我認識的聖經世界嘛！」

但等到我十九歲開始自己讀聖經時，那些故事嚇到我了。我覺得有點生氣，也有種受騙的感覺——原來主日學裡教的聖經故事都被粉飾過了！自己讀了聖經之後，我才發現原來以前認識的那些舊約「英雄」，其實都有缺點，並不是什麼完人。

我讀得越多，也越覺得聖經更像《三百壯士》而非《歡樂谷》。拿挪亞方舟這件事來說好了，主日學怎麼會把它講成一個充滿陽光、彩虹的歡樂故事？人們又怎麼會把它畫成畫、掛在壁爐上呢？大家好像把這件事當成嘉年華慶典，而非上帝的怒火毀滅世界。如果有人忠實地把這件慘劇拍成電影，那應該會被列為限制級吧。

自己讀挪亞方舟的做事時，我彷彿能聽到幾百萬人淹死的哀呼：孩子們一邊在水裡掙扎，一邊哭喊著媽媽；人們像破玩偶一樣被巨浪捲起，再重重地摔到岩石上砸破頭顱。我也不覺得挪亞會悠然自得地在甲板上喝果汁——如果海面上有幾千具腐爛的浮屍，船上的人應該不太可能若無其事地做日光浴。每次想到那個畫面，我都為之一顫。

神會降下洪水，是因為祂後悔造了我們。〈創世紀〉說：「上主看見人類個個邪惡，始終心懷惡念，就後悔自己在地上造了人，祂很憂傷。」[3]

挪亞和大洪水不是聖經裡唯一的限制級故事，這本古籍充滿通姦、謀殺、強暴、亂倫、酗酒、欺騙、陰謀與背叛——大多數「英雄」也都做過這些事。〈詩篇〉（聖詠）裡多的是哀歌，是大衛深陷焦慮和憂鬱時寫下的；亞伯拉罕的姪子羅得（羅特）喝醉後和兩個女兒亂倫，讓她們懷了孩子；大衛的兒子暗嫩（阿默農）強暴了同父異母的妹妹他瑪（塔瑪爾），後來又被同父異母的弟弟押沙龍（阿貝沙隆）所殺；在〈士師記〉（民長紀）裡，則是有個聖人殺了他的妾，把她的屍體切成十二塊，送到以色列各處。[4] 此外在歷史上，希伯來男孩在一定歲數之前不能讀〈雅歌〉，因為它太露骨、太情色、太撩人。

讀這些原汁原味的聖經故事時，我覺得困惑、甚至不舒服。它們似乎比我在主日學聽到的更接近現實世界，我很驚訝地發現：

亞當是個不保護太太的懦夫；

挪亞是個酒鬼；

大衛王不但通姦，而且為掩蓋罪行，還設計讓那女人的丈夫戰死。

不過，對我來說這樣的聖經有趣多了，裡面的人物讓我心有戚戚焉。年紀稍大之後，我原本以為聖經是部生活倫理指南，內容既乏味又遙遠，雖然我喜歡裡頭的一些故事，也愛讀〈箴言〉和〈詩篇〉，但它們似乎跟我不太相干。神似乎暴躁易怒，耶穌看起來很不真實，那些族譜、量度更令我頭痛。然而，當我發現聖經實際上多龐雜、多混亂、多直率之後，我反而覺得它更有親切感了。我開始瞭解我不是什麼英雄，神也不要求我成為英雄。

然而，宗教人士常引人側目的地方也在於：他們總愛堅稱自己是英雄。他們非得拯救世界、非得背下一堆經文、非得在主日學得很多獎、非得捍衛上帝不可。這種問題由來已久，事實上，耶穌也評論過同樣的事。在〈約翰福音〉（若望福音）第五章裡，他對宗教領袖們說：「你們研究聖經，認為從裏面可以找到永恆的生命；其實聖經的話就是為我作見證的！然而，你們不肯到我這裏來尋求生命。」5

耶穌的意思是說：如果你把聖經當成待辦事項來讀，就完全漏掉重點了。

3〈創世紀〉6章5－6節。
4〈創世紀〉19章30－38節；〈撒母耳記下〉（撒慕爾紀下）30章；〈士師記〉（民長紀）19章29－30節。
5〈約翰福音〉5章39－40節。

神不是在交代我們該把哪些事做好，而是教我們怎麼正確地接近祂。以為多讀聖經就能獲得永生，就好像開車時死盯著擋風玻璃，以為這樣就能到達目的地。擋風玻璃不是用來**盯著看**的，而是讓你能**透過**它看清方向。

聖經的作用就跟擋風玻璃一樣，它不是用來標示永生的方向，而是希望我們能**透過它與造物主相遇**。耶穌說得很清楚：聖經的核心不是我們，而是他。還原當時的背景，耶穌──一個謠傳是私生子的流浪漢──竟然說整部舊約都在講他！

我漸漸瞭解這點之後，許多主日學時聽過的故事又顯得有道理了。我不再認為那些人是我該效法的英雄，反而發現他們的缺陷，正襯托出耶穌克服了多少失敗。聖經裡的每個人物、每段故事、每個建築計畫，都是耶穌的影子或象徵（順帶一提，我還是不懂什麼叫「腕尺」）。這真是好消息！既然我們不是英雄，也就不用背負拯救世界的壓力了！接下來請聽我說說三個故事，三個大家聽過、卻完全沒發現那跟耶穌有關的故事。

◆約拿

「約拿與鯨魚」的故事，是典型的消毒版兒童聖經故事。大意是說約拿因為不順服神，所以被鯨魚吞進肚子裡三天。雖然可能很多人對這個故事耳熟能詳，但我們還是再看一遍好了，畢竟有人可能沒聽過，有人聽到的版本可能不太一樣。

約拿跟神可熟了，他是位先知，受神之命向人類喊話。有一天，神要約拿去尼尼微宣告祂的旨意。尼尼微城是個怎麼樣的地方呢？想一下賭城你就懂了：那裡叛逆、放蕩、惡貫滿盈。所以神要他去尼尼微時，他剎時覺得：「祢開玩笑吧？」然後老實不客氣地拒絕。

約拿覺得尼尼微城的人根本不配得救，所以他馬上跳上船，往反方向離去。不過神繼續追著約拿不放，還颳起狂風巨浪警告他。船上其他人發覺事情不太對勁，最後依約拿的話，把他丟進海裡，畢竟約拿知道風暴因他而起。約拿一被丟下船，風浪就停了，接著一條大魚（不是鯨魚）把他吞進肚裡，他就這樣在魚的肚子裡待了三天。6

聽到這則故事時，大家多半認為這是給人類的教訓——要是跟約拿一樣不順服神，就等著被丟到海裡吧！不過，如果你從耶穌的角度來看這則故事，它的意義就完全不一樣了。把約拿和耶穌的行為對照一下，你會發現約拿不想理尼尼微人，覺得他們不配領受神的愛；而耶穌明明知道我們不配被愛，卻仍然愛我們、拯救我們。約拿因為不順服

6〈約拿記〉（約納）1章。

在魚肚子裡過了三天，勉勉強強算是救了船上的人；耶穌全然順服，卻在墳墓裡待了三天，救了全人類免於死亡。

〈約拿書〉與約拿無關，
〈約拿書〉與我們無關，
〈約拿書〉與**耶穌**有關。

◆該隱（加音）與亞伯（亞伯爾）

該隱與亞伯是亞當、夏娃（厄娃）的頭兩個孩子，兄弟倆奉命要向神獻祭，聖經說神接受了亞伯的祭物，卻拒絕了該隱的祭物。[7]我們在教會裡通常只會聽到這部分，也被諄諄告誡應向神獻上祂要的，而非獻上我們認為祂會喜歡的。這樣講也沒錯，但並不是全貌。

由於神不喜歡該隱的祭物，該隱羞憤難平，出於嫉妒殺了弟弟亞伯，聖經說亞伯的血「從地下哭訴」，控告該隱的罪，要求一個公道。

現在再來比較一下亞伯的血與耶穌的血：亞伯的血控訴該隱的罪，耶穌的血卻釋放了我們。我們都像該隱一樣，充滿仇恨、犯下罪行，甚至還殺了耶穌。但是，雖然我們手上沾滿鮮血，耶穌卻做了完美的祭品，洗清我們的罪惡，讓我們無罪開釋、重獲自由。雖然我們殺了神的兒子，祂卻放我們走，而且還讓我們堂堂正正、完美無瑕、甚至聖潔地走。

這便是恩典，而且是免費、平白得來的恩典，因為耶穌已用他的一切付出了代價。

◆大衛和歌利亞（哥肋雅）

大衛最有名的事蹟，應該就是他還是個小牧羊人的時候，就用小石頭和彈弓打倒了巨人歌利亞，對吧？[8] 我在主日學聽了好多次：「如果你跟大衛一樣有信心，一定能擊敗生命裡的強敵！」類似的話我聽過不知多少次了：如果你夠有信心，就能不再看色情刊物；如果你夠有信心，就能克制自己不發怒。但問題是：這招好像不太管用。

我每次都鼓起全部信心，祈禱說這次絕不重蹈覆轍，一旦受到引誘，也不斷引用聖經的話來激勵自己。可是不管我怎麼做，每當我以為自己擊敗了強敵（無論這強敵是

7〈創世紀〉4章1–16節。
8〈撒母耳記上〉17章。

情欲、驕傲或自以為是），小心翼翼走過去量量他的脈搏時，他總會突然跳起身來把我揍個落花流水。我不斷試著要跟大衛一樣，卻不斷失敗、不斷認清我不是大衛——但事實上，我根本演錯角色了。雖然這個故事似乎只有大衛和歌利亞兩個角色，但其實有第三種人被忽略了——在旁觀戰的以色列人。當時以色列人全坐在山上觀戰，心裡想大家這次都死定了。他們知道自己多弱、也看到歌利亞多強，所以嚇個半死，〈撒母耳記上〉（撒慕爾紀上）說他們「非常害怕」——我們不就是這些脆弱、無能的以色列人嗎？也就是說，故事裡的大衛指的不是我們，而是耶穌。

耶穌這位救星比大衛偉大多了：雖然大衛殺了壯碩、恐怖的敵人歌利亞，耶穌殺的可是罪——這個敵人比歌利亞要危險、恐怖太多了！耶穌斬去了罪惡的首級，讓它從此失去權勢，而由於我們不是與罪惡作戰的主角，所以也能坦率面對自己的罪與失敗。耶穌已為我們擊敗了敵人，這是天大的福音，因為我們再也不用擔心自己很差勁了。既然我們是那群以色列人，就好好演好那個角色吧！坦誠面對軟弱，坦率承認害怕，也坦白承認擊敗你的罪的人是耶穌，而不是你。神要我們當以色列人，而不是當英雄。

大衛和耶穌都用意料不到的武器擊敗了敵人。大衛用的是彈弓和敏捷的身手，耶穌則是以溫順、謙卑、遇害來擊敗罪惡，別人以為他會用政治力量當武器，但他沒有。

「我們不夠好」之所以是好消息，原因正在於此。然而恩典也有其艱難之處，所以有些人拒絕接受。其他的世界宗教或世界觀，是在天國與塵世之間搭上梯子，讓人慢慢爬上去；但真正的基督信仰，唯有匍匐前進才能獲得。我們必須低下身來、必須謙卑自己，但我可以向你保證：**喜樂不是在高處，而在低處**。

聖經的弔詭之處在於，它一方面讓我們知道自己比想像中更罪惡，另一方面也告訴我們自己比想像中更受愛護。很多人因為想不通恩典是怎麼一回事，所以乾脆告訴自己「我沒問題」、「我做得到」、「我夠好了」。我太瞭解這種思考方式了，因為我很多年來都是這樣想的。可是，我們的心其實也不喜歡這套說詞，因為大家也知道「夠不夠好」是個相對的問題，與人比較的想法只會不斷點出自己的缺陷，即使指責別人犯錯，到頭來也會發現自己沒好到哪去。大家時而譴責種族屠殺、殺人、通姦等等是罪惡，但提出譴責即是訴諸某種標準，而這個標準其實我們也未必達得到。

所以，就別再比較了吧，也別再想拼命站上道德高位，好讓自己高人一等、輕視別人。我們該做的是：好好想想自己得到了什麼本來不可能得到的東西，別再試著當個完人，因為神在尋找的不是完人，而是願意承認自己的需要、並將自己交託給救主的人。聖經給我們的最大啟示，就是不管你有多糟，只要你愛神，祂就能用你、也會用你。

問題討論

1. 你曾認為神是依等比曲線給分嗎？為什麼會這樣想？
2. 我們常常更在意自己的外在形象，而非內在轉化。你有遇過不是這樣的人嗎？如果有的話，請談談這個人。
3. 傑夫不把聖經當成道德準則，而認為它是一本龐雜、寫實的故事集。為什麼為了大眾需要，聖經有時會被修飾、消毒？
4. 你最喜歡的舊約故事是什麼？它又如何點出了耶穌？
5. 傑夫說「我們不用擔心自己多差勁了」，因著神的恩典，我們不需要靠自己與罪惡作戰。你同意他的話嗎？贊成或反對的原因又是什麼？
6. 你和聖經的關係如何？

第六章

宗教是人向神討東西的工具／追隨耶穌能讓人得到神

Religion Is the Means to Get Things from God / If We Seek Jesus, We Get God

我的成長過程中，只有母子兩人。我有兩個姊姊，但她們歸我爸帶，我歸我媽帶。夫妻離婚之後，兒女的監護權多半都是這樣：平常各由一方照顧，週末再去另一方家玩。老實說，我那時沒多想什麼，小孩子不會覺得自己的生活有什麼「不正常」。單親家庭對我來說沒什麼奇怪，我所成長的塔科馬（Tacoma）更是如此，我們的鄰居多半也是單親家庭，雙親家庭反而很少。

回頭想想，我不會想改變自己的成長過程，因為我之所以會是現在的樣子，也是因為有那些成長經驗，我很感謝它們塑造了現在的我。現在，我爸媽住得很近，只有幾哩遠，一家人也處得很好。我很喜歡爸爸、媽媽，還有我兩個姊姊。但當然，在我漸漸懂事之後，還是發生過一些問題。

在我十一歲的時候，一個姊姊搬來跟我和媽媽一起住。由於我媽精神狀況不好、身體也有問題，我們沒什麼錢，房子是廉價住宅，只有兩間小臥室。姊姊要搬過來住，其實我們的空間、金錢都十分吃緊，但還是得想出辦法來。因為姊姊年紀較大、又是女生，所以我媽讓她自己住一間，畢竟我姊當時剛上中學，讓她跟弟弟共用一個房間實在有點委屈。雖然我們是姊弟，但在此之前從沒一起住過，所以對我們來說，這其實是個挺大的改變。

我現在可以瞭解媽媽當時的想法了：她想讓姊姊覺得自在、受歡迎，就像待在爸爸家一樣，不致感到拘束。但因為家裡實在沒什麼空間，所以我得把床墊搬到走廊，接下來幾年就用那當「房間」。嚴格來說我也不算太可憐，畢竟有吃有穿，還有個床墊可睡。不過我當時可不這麼想，好幾次我向神祈禱：「主啊，祢跑到哪去了呢？如果祢真的很愛我，為什麼還讓我們過這種生活？我朋友個個都住好房子，要什麼有什麼，我怎麼偏偏得睡在走廊？」

老實說，我不純然是因為痛苦而祈禱的——我是因為覺得丟臉透了。那時我剛上中學，[1] 而大家都知道，中學跟小學很不一樣，有相當多的改變得重新適應。中學生非常敏感，把什麼事都看得很重，我也是上了中學之後，才第一次感到要融入他人壓力多大。怎麼穿、怎麼說話、怎麼表現自己很行，全會被同學放大檢視。我覺得自己很遜，對於要睡在走廊這件事感到丟臉。

大家會怎麼想我？

大家會接受我嗎？

1 譯註：依美國學制，六到八年級為初級中學（middle school / junior high school）。

大家會嘲笑我嗎？

直到現在，我還是記得那些念頭帶來了多少壓力。我那時才十一歲，對神的認識相當有限，覺得祂跟聖誕老人差不多：我想要什麼就求什麼，接下來就看祂願不願意幫我實現了。因為我對神的理解是如此，所以我常常躺在床上納悶：如果祂那麼愛我，怎麼會連個房間都不給我呢？現在回想，這其實不是什麼大不了的事，可是我當時的疑惑，卻讓我對神越來越不滿。

祂一定懶得理我！如果祂關心我，為什麼不證明給我看呢？為什麼我媽得這麼辛苦？為什麼我們得靠食物救濟券過活？為什麼我們得不斷搬家？為什麼我家買不起棒球裝備？我其他朋友只要開口就有了啊！對當時的我來說，神就像個吃角子老虎機，如果沒東西嘩啦嘩啦掉出來，那就表示祂不愛我。

扭曲聖經

我小時候覺得所謂「恩典」，就是讓我媽、我姊和我身體健康、生活富裕。我覺得只要我表現夠好，神就欠了我一筆。更糟的是，電視上那個穿高級西裝的牧師也是這樣說的。直到好幾年後，我進了大學、開始努力讀聖經，我才發現這種說法是宗教最大的謊言之一。

在那個年輕有錢人的寓言裡，那位年輕人想要的不是神，而是神能給他的東西。2 很多基督徒也是這樣，**他們沒那麼在意神，只是想利用神來得到他們想要的東西**，例如地位、好工作、好車、寬恕等等。

雖然與神建立關係之後，確實能得到一些益處（如寬恕、救贖、恩典等等），但若是我們更看重這些東西，而沒把它們當成走向神的邀請，那根本就是本末倒置，把這些東西抬高到神的位置。這等於是不把神當神，而是將自己當神，把神當娼妓；等於是在使喚宇宙萬物的造物主，只有在需要祂時才找祂，我們需要什麼祂照辦就對了。我們居然認為只要「播下信仰的種子」，斷章取義談談幾句關於「祝福」的經文，就能擁有美好而豐富的人生。

我聽過不少所謂的「牧師」引用這段經文：「你們已經知道我們的主耶穌基督的恩典：他本來是富足的，卻為了你們的緣故使自己成為貧窮，目的是要你們由於他的貧窮

2〈馬可福音〉（馬爾谷福音）10章17–27節（編注：一位年輕的財主跑來找耶穌，問他該做什麼才能得到永生，耶穌要他「賣掉所有的產業，把錢捐給窮人，然後來跟從我」，他聽了臉色一變，垂頭喪氣地走了）。

而成為富足。」[3]引完這段話之後，他們常接著說因為耶穌已為了我們變貧窮，所以我們一定會富足——這根本是斷章取義！保羅（保祿）要說的是靈性上的富足，可不是金錢上的富足。耶穌在天國有豐富的屬靈寶藏，但他卻拋下它們不管，跑來拯救我們。我們貧窮、軟弱又耽溺罪惡，耶穌卻將他的「財富」給了我們，也就是他在天上的種種祝福，[4]他的屬靈寶藏。

我也常聽人家引這段經文：「親愛的朋友，我祝你事事順利，身體健康，正如你靈性健全一樣。」[5]某些牧師因此說，如果你生病，那就代表你犯了罪。問題是，約翰（若望）是「祝願」大家身體健康，但也肯定地說大家靈性健全。你看出不同之處了嗎？只要跟隨耶穌，靈性便得到了保障，我們雖然能祈求事事順利、身體健康，但即便事與願違，我們的靈性依舊受到保障。神所賜的祝福與財富是不可見的、屬靈的，並不是不生病的身體、白花花的鈔票。

聖經最危險的事情之一，就是篇幅太大，想從中斷章取義來支持自己的主張，並不困難。

想要有婚前性行為嗎？聖經裡談愛的經文那麼多，若想扭曲其中一句來合理化婚前性行為，我想並不是什麼難事。只因為不願照顧另一半就想離婚嗎？我還真聽一個人說過，因為「神要我們喜樂」，那麼他既然不再愛妻子了，那麼這段婚姻顯然不是神所喜悅的。他說得振振有詞，完全無視耶穌許多明顯反對這種想法的教誨。最後，財源滾滾、奢侈度日是不是「神的祝福」呢？很多書還真的這樣講，你到處都看得到。

人心最險惡之處，便在於老是想顛倒神人關係，自己作主，讓神負責；把自己當神，把神當乞丐。我們不可一世地看著祂，就好像有些人高高在上地看著流浪漢，一臉輕蔑，好像祂得靠我們大發慈悲才過得下去，所以我們要什麼，祂就該給什麼。可是，聖經說的恰恰相反：

耶穌是主，我們不是；
耶穌是王，我們不是；
耶穌是救主，我們不是。

3〈哥林多後書〉（格林多後書）8章9節。
4〈以弗所書〉（厄弗所書）1章3節。
5〈約翰三書〉（若望三書）1章2節。

可是你知道嗎？正因如此，這才是不折不扣的好消息。只有謙卑地呼求上主進入我們的生命，並瞭解唯有如此，自己才能成功，我們才算真正抵達了平安之所。

談到上主對人施恩的記號時，成功神學的牧師和某些基督徒都扭曲了聖經。他們說人要是遇上不順遂的事，那一定是因為犯了罪。如果想被治癒，如果想住豪宅，如果想一帆風順，只要有足夠的信心就夠了。但若神的恩典等於毫無磨難的人生，那祂顯然恨透了耶穌、保羅、約伯還有一大堆人。

釘十字架？

蹲苦牢？

船難？

生重病？

依照成功神學的邏輯，神要不是恨透了他們，就是他們都犯了滔天大罪。好在我十一歲睡在走廊時，完全不知道這些事。

捨本逐末

我們天生就愛追求神以外的事，常常捨本逐末，愛禮物勝過送禮人，愛受造物勝過造物主。我們所追求的東西，大部分並不是罪惡的，事實上，它們也是好東西，問題是我們常把這些東西扭曲成惡的。想弄清楚我們為什麼會變成這個樣子，萬物又是為什麼被造的，有必要重新看看創世的故事。

〈創世紀〉說神創造了一切，植物、樹木、飛禽走獸、天地日月，一切都是祂所造的。接著，祂又造了亞當和夏娃（厄娃），讓他們住在伊甸園，囑咐他們「耕種，看守園子」。[6] 神每天造了什麼東西之後，祂都說自己創造的東西是「好」的，從沒說過這些東西是惡的，也沒說什麼東西是「世俗的」。

祂說，這些都是**好**的。

一切都是好的。

也就是說，「性」也是神所造的，祂也認為性是好的。當然，性得在婚約之中才是

6〈創世紀〉2章15節。

好的，而在婚姻生活裡，性確實是美好的。我知道有些宗教人士認為性完全是骯髒、邪惡、下流的，「聖潔」的人絕對不屑一顧，如果性有什麼用處的話，也是為了繁衍後代，不是為了歡愉。我也認識一些基督徒女性，因為一聽再聽「性是罪惡」、「性會毀了妳」，所以在結婚之後，還得拼命與這種想法纏鬥。只有我覺得驚訝嗎？照〈創世紀〉看來，性似乎不是人發明的東西，而是神所設的。性不是人憑空冒出來的念頭，神當初並不是把亞當、夏娃赤裸裸地留在園子裡，離開幾小時後又回來對著亞當大吼：放開你老婆！把衣服給我穿上！

我們應該清楚地知道，無論是性、職業、政治、藝術、音樂或樂趣，都不是惡的，神已經說了這些是好的！可是我們不該被這些東西迷住，因為它們並不是上主恩典的記號，甚至會被扭曲。把財富視為神的愛的證據，其實並不是什麼新鮮事，只不過這種想法近來在美國特別盛行。然而，我們也不必對這股風潮窮追猛打，刻意表現得跟相信此道的人不一樣，因為如此一來，我們就掉入了另一個窠臼，雖然外在表現與那些人南轅北轍，但骨子裡其實也犯了同一種錯。

基督宗教的弔詭之處也在於此。有些人的想法與成功神學恰恰相反，他們認為人如果不窮、不捨棄一切，就不是好基督徒。他們以為這才是「正道」，但其實他們也跟自己的批判對象犯了同樣的錯——他們也是用外在表現和立場，來界定一個人在神面前的價值。這並不好，也沒幫助。

一切都屬於神，我們只不過是管家，暫時代管祂所贈與的禮物，我們該做的是用祂的禮物建立祂的國度，而非自己的國度。有些人從祂那裡得的較多，有些人得的較少，我們不該用一個人有什麼或沒有什麼，來衡量這個人的價值。我們只能從自己愛耶穌、認識耶穌的事實，來衡量、評判自己。

利益與本質

我至今難忘艾莉莎與我的初吻，那跟你想像中一模一樣：極度笨拙，極度不自在，但也極具紀念意義，吻完之後我暗自握拳叫好。我也始終記得我倆第一次牽手、第一次擁抱、第一次說「我愛你」。如果你覺得我很多愁善感（搞不好我只是記性特別好而已），那就這樣吧！反正對我來說，這些時刻都很美好、都意義非凡。我覺得我們結婚最棒的事，就是下半輩子可以隨時吻她、擁抱她，在一起最大的好處莫過於此。可是我們也清楚：這些事並不是讓我們在一起的**本質**。

我想過很多次：我們基督徒似乎常把好處跟本質搞混了。我們常追求關係中的**好處**，卻忘了關係的**本質**。這種交易式的思維十分恐怖，因為只有在正確地建立關係時，才可能享有關係裡的禮贈。如果你追求的只是好處，不僅永遠不會滿足，甚至連關係都會失去。路易斯曾說：「把首要之務擺第一，次要的東西也能一併獲得；把次要的東西擺第一，首要、次要的東西都得不到。太貪吃時，連美食的感官之樂都享受不到。」[7]

上街購物時常會遇到這樣的狀況：在這一家買完之後，卻發現那一家的好像更棒。有時人生也像是這樣，一個吸引你的東西出現，你想辦法得到它，以為這樣就滿足了，但其實並沒有。你越想越不對勁：「怎麼回事呢？我還以為這東西不錯呢？得到它應該能讓我滿足啊！」

你知道問題在哪裡嗎？問題在於沒有任何東西擔得起它自己的分量。不管是什麼東西，當它的「自身」成為「目的」之時，便是其自我終結之時。

為了吃東西而吃東西，永遠無法飽足。

為了吸收營養而吃東西，並感謝上主造了食物，很奇怪，你會開始覺得飽足。

這問題糾纏了我成千上百次，我也覺得我絕不是唯一會這樣的人。要是我們只追求利益而忽視本質，一定會短路，因為這些利益只是神吸引我們注意的工具，祂想藉此告訴我們：只有祂才能帶來真正的滿足。簡言之，神要我們把祂擺在**第一位**。

宗教傳假福音、把神當聖誕老人之所以那麼可恥，就是因為主從錯置，把次要的東西當成了首要的東西，事實上，這跟**偶像崇拜**沒什麼兩樣。如果你把重點擺在上主，你其實能更有意義地享用祂所賜的禮物；但若你追求的是禮物本身，它們到頭來只會讓你失望，不會讓你喜樂。

試想看看：如果小孩剛拿到爸爸送的聖誕禮物，就馬上拆開、關到房裡去玩，而且玩得廢寢忘食、好幾天都不出來，這不是很奇怪嗎？這股熱潮一定持續不了多久，他遲早會膩，那位爸爸心裡也一定很不好受：這孩子拿了禮物，居然連聲謝謝都不說？禮物的意義是讓你對送你的人表達感恩，神賜予禮物的意義也在於此。如果孩子真的把禮物當禮物看待，他就不會成為禮物的奴隸，而會感謝父親，並全然享受禮物的樂趣。但要是孩子只在意禮物，把全部的心思都放在它上頭，他遲早會大失所望，因為他想要的其實是禮物本身並不能給予他的東西。

你呢？你追求的是什麼？是禮物還是本質？是祝福亦或親近？我們就再來談談我跟

7 C. S. Lewis to Dom Bede Griffiths, 23 April 1951 in *The Collected Letters of C. S. Lewis*, ed. Walter Hooper, vol. 3, Narnia, Cambridge, and Joy 1950–1963 (New York: HarperCollins, 2007), 111.

艾莉莎的關係吧。如果我娶她的目的只是為了肉體利益，那當這些利益消失時，我不是生氣、就是失去樂趣，甚至還可能跟她分手。舉例來說，如果我們其中之一得了流感，在對方病好之前，最好要避免親密接觸，對吧？她生病的時候，正是最能顯出我為什麼想娶她的時候。要是她一生病我就不高興，那代表我是為了某些利益而娶她，真正在意的並不是她。

然而，如果我單純是為了跟她在一起而娶她——為了她的本質、而非她所帶來的利益而娶她——那麼不論她病了、殘障了、毀容了，甚至癱瘓了，我都不會在意，因為我**有她就夠了**。在我倆的關係之中，如果我在意的純然是她的本質，而不是她能帶給我什麼東西，我得到的會是比這些次要利益更堅韌的東西。她能給我的東西會變、會消逝，但她的本質不會變、也不會消逝。

人與神的關係也是一樣。一旦我們瞭解神是我們的終極目標，我們便能找到新約基督宗教裡的喜樂與力量。然而，如果我們把希望、信仰與價值放在神的禮物上，當這些東西不見時，我們又會變成什麼樣子呢？有些人就是因為如此，所以才開口閉口就說：「我試過跟神建立關係了，可是祂對我沒什麼幫助。」但事實上，他們根本是想**利用**神，所以神對他們當然沒什麼幫助。即使是寬恕、良知、喜樂，以及成為神的孩子這些美好的事，也都只是**做基督徒的好處**，並非終極目標。

這些好處的目的是要開啟一個可能性，一個讓我們在餘生中與造物主保持親密的可能性。追求祂應該是我們人生唯一的目標、最大的動力。若非如此，我們等於是在崇拜偶像，而這個偶像遲早會透過試探、環境、死亡等種種手段，引我們走上歧路。

彼得（伯多祿）在新約裡說：「因為基督曾一舉而竟全功地為罪而死，是義的代替不義的，為要把你們帶到上帝面前。」[8] 彼得說的是耶穌代替我們受了苦，把我們帶到上主面前，既沒說他會帶給我們新跑車，也沒說他會帶給我們健康、財富，更沒說他會讓我們享有榮華富貴。他說的是：耶穌用死帶我們到神那裡。多令人讚嘆啊！我們是為神而造的！

聖奧古斯丁（St. Aurelius Augustine）正是因為深深明白這個道理，才能寫出他那著名的禱詞：「祢創造我們是為了祢，我們的心無法平靜，直到它安息於祢。」[9]

神把自己給了我們，這是多奇妙的事啊！那無限、榮耀、壯麗、慈愛的宇宙之主，居然是我們的！錢會花光、性會膩、工作會煩，但神永遠取之不盡、用之不竭，祂賜給

8〈彼得前書〉（伯多祿前書）3章18節。

9 Augustine of Hippo, *Augustine Confessions: Books I–IV*, ed. Gillian Clark (Cambridge: Cambridge University, 1995), 84.

我們的不會耗竭、不會變舊、也不會失敗——因為祂給我們的是祂自己！

此外，神也在聖經中很明白地指出：我們唯一無法被剝奪的，就是祂。

我可能丟了工作。

我可能失去健康。

我可能無法再打字、寫作。

但我作為**神的孩子**的身分，絕不會被奪走。

無論順逆，時時喜樂

只要我們依偎在無限慈愛的上主跟前，即使世界一片混亂，我們還是能享有平安。對別人來說，這似乎是很怪異的力量。如果我們為了新跑車而讚美上主，無信仰者不會覺得有什麼了不起，但若我們失去家園仍感謝上主，他們一定感到疑惑、甚至開始深思。不以物喜，不以己悲，獨獨在神裡得著喜樂，便是神的偉大之處，也是從內在湧出的真實喜樂。

「耶穌像聖誕老人」式的基督宗教，最令我困擾的一點就是：它完全蔑視了對神恩典的偉大見證。每次我想到教難時的一個故事，總會感動落淚。尼克．瑞普肯（Nik Ripken）在《神的瘋狂》（*The Insanity of God*）一書中，寫了很多教友在教難時面對考驗與磨難的故事，有些教友被殺，有些教友受了苦刑，還是一些則被痛毆。然而，他們不但堅守信仰，很多人甚至還強化了信仰！在我們不管自己的處境多慘、依舊榮耀祂時，神最能從我們的生命獲得榮耀。

我剛提到的那個美好典範，是一位叫狄米崔（Dmitri）的人，他活在共產蘇聯時代，卻熱愛基督。在追隨基督後不久，他便開放自己的家為聚會場地，讓大家談耶穌、唱詩歌、讀聖經。沒過多久，來的人越來越多，多到引起政府注意，於是狄米崔丟了工作。但是他繼續在家講道、讀聖經給大家聽，接著有趣的事發生了。

有天晚上大家又在他家聚會，軍人破門而入抓了狄米崔，狠狠摑了他好幾巴掌，對他說：「我們一再、一再、一再地警告你，你就是不聽！現在我不再警告了，你給我聽好，這就是最後通牒：要是你繼續幹這種無聊的事，揍你一頓算最客氣了！」尼克．瑞普肯接著寫道：「當軍官轉身離去時，一個瘦小的老太太無視生命威脅，從這無名團契中走出，擋住了軍官的去路，在他面前搖搖手指頭，像個舊約先知一樣莊嚴地說：『你羞辱了神的僕人，**在劫難逃！**』」[10]

我真希望那位老太太是我祖母——不然當我保鏢也好。我很確定一件事：一位為耶穌而發火的老太太絕不好惹。她也真的說對了：那名軍官兩天後就心臟病發死了。下次聚會時間到了，一百五十人現身，狄米崔被丟進監獄，坐了十七年牢。

狄米崔被帶離他的家庭、孩子、教友，受盡苦刑、嘲弄與毆打。在監獄裡一千五百個冷血罪犯中，他是唯一的信徒。對他來說，遠離教會之苦遠甚於苦刑、監禁。獄卒好像就是無法擊垮他，十七年的監禁歲月中，他每天起床都昂然站起，高舉雙手向耶穌唱讚美詩，沒有一天間斷，天天都唱同一首。在他唱詩時，其他囚犯笑他、罵他，有時甚至還向他丟排泄物，叫他停下別唱。

每當狄米崔發現紙片，都會偷偷帶回牢房，盡量在上面寫下他還記得的聖經經句。寫滿之後，再把它們貼到牢房一角的混凝土柱子上，說它們是「獻給神的讚美」。獄卒每次看到他這樣做，都會進來撕掉紙片、狠揍他一頓，可是狄米崔依然故我，十七年來從不改變。

有一天，獄卒覺得實在受夠了——既然改變不了他，乾脆宰了他。但在狄米崔被帶走時，奇妙的事發生了：一千五百名犯人一起唱狄米崔每天早上唱的詩歌，向耶穌舉起雙手。

拉著狄米崔的獄卒相當震驚，立刻放開他，離他遠遠的。

其中一個獄卒問：「你到底是什麼人？」狄米崔驕傲地挺直腰桿，說：「我是又真又活的上主的孩子，祂的名叫耶穌！」[11]

這次事件後不久，狄米崔就被釋放，回到了家。這是多美好、多動人的榜樣啊！在如此艱苦的環境下，狄米崔無視磨難，不僅活出了真信仰，也榮耀了耶穌。但我們不禁要問：是什麼給了狄米崔力量呢？請誠實地捫心自問：在那麼粗暴的環境裡，是什麼支撐了狄米崔呢？是那種叫人不可刺青、喝啤酒的人嗎？是「只要我坐牢仍保持信仰，神就會給我金錢報償」的想法嗎？我相信，讓他這麼有力量的，是他已**把神的臨在當獎賞**。

即使人在監獄；

10 Ripkin, *The Insanity of God*, 154.
11 Ibid., x.

即使其他犯人用糞便丟他；

即使深受苦刑；

只要與神同在，就夠了。

狄米崔明白：與造物主的親密關係，正是他受造的目的，只要能把握住這一點，就能熬過一切。簡單來說：

耶穌應許的不是世俗的成功，而是他自己；

耶穌應許的不是富裕，而是在他之內富裕；

耶穌應許的不是一帆風順，而是與我們同在。

在我成為基督徒之前，也很難瞭解什麼是「神的愛不能以世俗標準衡量」，所以我懂為什麼一直有人會問：「如果神不能讓我在世上過得好，為什麼還要信祂？」現在身為基督徒的我，會這樣回答：因為神值得你追隨。人人都想被瞭解、被愛，都希望自己最真實的樣貌能被接受。金錢、權力、人緣這些具體的世俗目標，雖然看似唾手可得，但得到之後，它們卻無法帶來我們以為能獲得的滿足感。於是我們又去追逐下一個目標，不斷成為這些目標的奴隸。到頭來我們一直在做奴隸，只是不斷換新主人而已。

耶穌最特別的地方在於：他帶給我們安全。我們可能生病、可能健康、可能貧困、可能富有，但只要有耶穌，我們就能平靜。新約中我最喜歡的經句之一，是〈以弗所書〉（厄弗所書）中說的：「感謝我們的主耶穌基督的父上帝！因為他藉著基督，把天上各樣屬靈的福氣賜給我們。」

保羅也提醒我們：我們並不需要一切屬世的福氣，因為我們已經有了屬靈的福氣。我們不需要財務的安全，因為我們已經有了屬靈的安全。我們不需要身體的健康，因為我們已經有了屬靈的健康。最棒的是，保羅說，這些福氣都在**天上**。

我以前是個搗蛋鬼，會偷朋友的東西。每次偷到之後，我都會馬上拿回家藏進櫃子裡。我朋友第二天一看到我，會馬上抓著我搜身，可是我一點都不擔心，因為我很清楚他們根本搜不到——那東西好好地放在我家裡，安全得很，他們怎麼搜也不可能搜到。

12〈以弗所書〉1章3節。

耶穌賜給我們的安全有點像這樣——當然，我們不必去偷，就能白白得到。我們的祝福與平安都在天上，沒有任何人能偷走或弄壞。它們都在至高上主之側，遠離罪惡與死亡。

所以，在面對死亡、罪惡、試煉與痛苦之時，我們大可微笑，因為我們的生命已與基督一同藏在上帝裡面了。我們的生命不在此地，而是已被給予、也被安置好了。當你認識一位真正相信這件事的人時，你會發現這個人不會受到傷害。他可能被打、被撞，甚至重傷、瀕臨死亡，但他的生命不會受到傷害，因為他的生命根本不在這裡。

問題討論

1. 你有把神當成聖誕老人過嗎？請談談那種經驗。
2. 請比較靈性的富足與財務的富足。在想到神對你的恩典時，你會先想到哪一種呢？為什麼？
3. 傑夫說，我們有時會混淆事物的本質與益處，就你對基督宗教的經驗而言，曾有過這樣的混淆嗎？對你來說，「跟隨耶穌」這件事的本質是什麼？

4. 本章提到「神取之不盡、用之不竭」，也是你生命中唯一不會枯竭的事，你對此有什麼想法呢？

5. 前文提到「耶穌應許的不是一帆風順，而是與我們同在」，你對此有什麼想法呢？

6. 如果跟隨耶穌的結果，是讓你無法獲得現代美國文化所推崇的成功，你還會跟隨他嗎？為什麼？

第七章

宗教認為苦難是神對你的懲罰／神已為你的行為懲罰過耶穌了，所以苦難是祂的恩典

With Religion, If You Are Suffering, God Is Punishing You / God Already Punished Jesus on Your Behalf, So Suffering Is His Mercy

在聖地牙哥待了一年之後，新鮮人生涯結束，我也搬回家住。我當時剛開始追隨耶穌，也想要個新的開始，希望能更少分心，也多打打棒球。我原以為回家鄉上大二，能讓自己快速成長、得勝，無奈事與願違，那年反而成了我生命中最慘的歲月之一。我仍深受自己的罪惡束縛，似乎沒什麼辦法改變，在跟女朋友分手之後，我的世界更像是裂開了一樣。

二年級上學期的某一天尤其痛苦，我躺在床上，整個人像是被抽乾了一樣。那不是身體上的疲累，而是情緒痛苦所造成的疲累。你有過這樣的經驗嗎？真的很奇怪，當情緒很壞很壞時，身體居然也會覺得痛苦。我好幾個禮拜都睡不著，但可笑的是：我那時最想做的恰恰就是好好睡一覺。睡覺是我當時唯一不會感到憂鬱、壓力的時光，也是我唯一不會感到痛苦的時光。那天我上完課了，倒在床上時差不多是午餐時間，我覺得整個人被淹沒，腦子裡冒出一個可怕但簡單的想法：**擺脫這些痛苦最簡單的方式，就是讓自己永遠離開這一切**。

什麼？我真的這樣想嗎？我還以為只有超級憂鬱的人才會有這種念頭。我猛地將自己拉回現實，很驚訝自己居然會冒出這種想法。最嚇人的是：這個念頭居然那麼有吸引力。那像是一陣細語，向你承諾一個它無法給予的東西——平安。

接下來幾個禮拜，這念頭繼續糾纏著我。我只想大睡一覺，越來越承受不了痛苦。我不懂，分手的傷怎麼會這麼重，重到我變成這個樣子？我為什麼不能克服呢？為什麼我的世界好像因此崩潰？為什麼我不能坦然接受痛苦？為什麼要在意別人怎麼想？那個傷似乎又大又深，連輕輕碰一下都不可以。

我那時滿腹疑惑，但現在明白了：當時的我把愛情當成了偶像，當成了生命裡的神。

我不只是喜歡我女友，而且**崇拜**她。

她不只是我女友，而且是我的**神**。

也就是說：我的價值、我的身分認同、我的滿足，全都緊緊依賴著她，所以一旦失去她、一旦無法抓住這段關係，我就像是失去了神。失去偶像的感覺就是如此，你最深層的核心彷彿被撼動、甚至崩解。失去好東西只會感到難過，但失去終極之物，你會覺得根本活不下去了。

我當時就是如此。接下來幾個月，我厭惡生命，像個行屍走肉，雖然強顏歡笑，但完全不知道自己為什麼要活下去。但也是因為這段痛苦的日子，我開始和耶穌重新建立關係，重新讀聖經、重新祈禱。

但有天早上讀聖經時，我終於覺得受夠了，抓起聖經就往牆上丟，同時大吼：「根本沒用！祢要是那麼慈愛、那麼好，為什麼讓我變成這樣？我一直努力當個好人，一直順服祢。結果呢？我跟隨祢之後，反而過得越來越糟！」

接下來的事嚇到我了，直到現在，我還是很難說得清楚。有種聽不見、但外在於我的聲音出現了，我自己從沒有過這種想法：「好，既然你終於決定坦誠，我們也可以邁入下一步了。」

然而，我那時心裡充滿傲慢，根本聽不進去，繼續想著：神怎麼敢這樣回報我？祂怎麼敢讓我這麼倒楣？**我是好人，祂欠我回報！**我就這樣繼續用祂創造的語言詛咒祂，事實上，我當時還能呼吸、還能活著，都是因為祂的恩典纏繞著我。等我想到有多少爛人過著好日子時，更覺憤慨，馬上繼續對著祂抱怨：**神啊！這些人根本不甩祢，可是他們居然過得那麼好！太不公平了吧？**

但我竟然再次聽見那無聲之聲：「如果要公平的話，你已經進地獄了。」

喔！

聽起來很殘酷，但確實如此。沒有任何一個人配得生命，因為生命是件禮物。如果真的要完全依正義而行，沒人還能活著。當你明白即使是早上起床這件小事，都是因為神的恩典之時，你對生命才有了全新的看法。感恩是通往喜樂最快的捷徑。神**完全不欠**

我們，但祂給了我們**一切**。

痛苦之時，神在哪裡？

每個人遲早都會有痛苦，有些痛苦還讓人難以承受，比方說媽媽得了癌症，進不了想進的學校，本來以為是真命天子或天女的那個人跟你分手。在這些痛苦時刻，每個人難免都會想：**神在哪呢？我現在難過得要死，那個充滿愛的神到底在哪呢？**

這個問題一直讓我非常困擾。從小到大，每個牧師都說只要依靠耶穌，生命就會更美好，沒有痛苦、沒有磨難——他們怎麼會這樣講呢？至少對我來說，跟隨耶穌之後好像過得更糟。犯錯也讓我十分困擾，有些事我明明知道不對，但還是忍不住去做，結果我始終有罪惡感，人際關係和處境也越來越壞。**這算是哪門子「美好人生」？**

直到我陷入那次低潮，才開始稍稍體悟什麼是神的救贖。人在世間一定會遇上痛苦，但有些時候，痛苦是讓我們成長的良方之一。

旅行時跟人閒聊，我挺愛聽他們對西雅圖的刻板印象，例如：「你們那裡是不是每個人都穿法藍絨衣，成天喝咖啡？」嗯，並不是「每個人」都這樣啦，至少我們不讓五歲以下的小孩喝咖啡。

還有：「西雅圖是不是到處是嬉皮？」我住的那個街區，至少有兩個人不是嬉皮。最常聽到的則是：「那邊是不是一年到頭都在下雨？」各位外地人，你們大錯特錯，西雅圖才沒下那麼多雨，只不過一年下十個月而已。

還有人說：「住那裡很好啊！綠地很多。」這倒完全沒錯。對我來說，世上沒有別的地方比西雅圖更適合度過夏天，這裡的青山、綠樹、湖泊、河流都美極了，涼風徐徐，平均溫度大約攝氏廿一到廿六度，你大可放心出外走走，一點都不用擔心中暑。也因為住慣了這邊，我七、八月要是跑到南方去，一下飛機就覺得像是撒但在我背後噴氣，熱到昏倒絕不是我理想中的夏日風情。

西雅圖真的是個美麗的城市，但這是有代價的。為什麼這裡一片綠油油呢？為什麼這裡的樹特別茂密呢？

答案是雨。

要是沒有這麼多雨，西雅圖就不會是這個樣子了。瘋狂降雨的那幾個月，孕育了美好無比的這幾個月。沒那麼豐沛的降雨，也就沒有這麼棒的夏天。雨滋潤了植物，給了它們足夠的水分，也讓它們變得如此美麗。植物要是一直曬在太陽底下而沒有雨，沒多久就會枯萎、奄奄一息，最後死去。

很多時候我們會咒罵生命裡的大雨——磨難、試煉及困境，但真相卻是：沒有雨就沒有成長，沒有雨就不能開花結果，只剩枯萎、稀疏的葉子。某些時候，苦難其實是神的祝福，而非神的咒詛。聖經說得很明確：神不是惡的根源，也沒有創造惡，但神也應允祂會運用惡，也會化惡為善。[1]

約瑟（若瑟）的故事就是很好的例子。他先是被哥哥們賣給埃及人為奴，後來得到埃及權貴的信任，一步一步往上爬，成了一人之下、萬人之上的埃及宰相。由於他深謀遠慮，又位居要津，所以在大災荒時，他不但讓埃及人免於飢餓，甚至還能出口糧食。等到他哥哥們來埃及購糧時，約瑟不僅讓他們帶大批糧食回去，還把他們付的錢偷偷放回錢袋裡。

被賣為奴隸相當悽慘。

承受不白之冤而下獄，當然也很悽慘。[2]

可是神把這些惡轉化為善。

1 〈創世紀〉5章20節。

2 譯注：約瑟初到埃及之時，主人之妻勾引未果，憤而誣告約瑟調戲，約瑟因此入獄。見〈創世紀〉39章。

苦難絕非出於上主，但祂可以拯救苦難。祂的獨子都被釘上十字架殺了，還有比這更好的例子嗎？世人蔑視耶穌，還惡意殺了他，但神卻將這件事轉化為善，甚至還運用它擊潰了惡——祂不偏看一隅，早就預見了全貌。

我們知道自己**想要**什麼，祂卻知道我們**需要**什麼。有時祂賜予我們東西，我們卻以為祂奪走了我們的東西。事實上，當神這樣做時，祂是在雕塑你，讓你更美、更像祂的獨子。一個人要是一切順遂、萬事亨通，絕不會有重大成長。最艱困、痛苦、難熬的時刻，也是帶來陽光與生命的時刻。

只要耐心等候。

豐美的一刻一定會來。

我覺得最苦的那段日子，曾經一讀再讀生死學大師伊莉莎白．庫伯勒－羅斯（Elisabeth Kübler-Ross）的一段話，好讓自己繼續抱持希望：「世上最美的人，是曾遭失敗、曾受痛苦、曾有失落、曾與逆境搏鬥，但已找到出口的人。這些人細膩、懂得珍惜、瞭解生命，這些特質讓他們有同情心、溫柔、充滿愛，深深關懷他人。美麗的人不是憑空出現的。」[3] 我特別喜歡最後一句：「美麗的人不是憑空出現的。」

講到這裡，我想先把話說仔細一點：要是一個女生被強暴，她不必為此感謝神；要是一位妻子的丈夫車禍喪生，她也不必覺得幸福。生命有時相當沉重，充滿了創傷，有時也根本沒有解答。

遇到這種事時該怎麼辦呢？如果你只想對著神大吼，跟祂說這有多痛，該怎麼辦呢？不怎麼辦，大吼就是了。

哭吧。

吼吧。

叫吧。

就坦白吧。

就脆弱吧。

我到十九歲為止，都一直希望神能給我一個答案，但我現在發現，**只要有祂**，比什麼答案都好。解答無法帶回失去的伴侶，也無法減輕我們的傷痛，能治癒我們的，只有

[3] Elisabeth Kübler-Ross, *Death: The Final Stage of Growth* (New York: Touchstone, 1986), 96.（中譯本《成長的最後階段》由光啟出版）

神在我們靈魂深處賜下的恩典。神並未應許基督徒過得順遂，但祂的確應許不論我們遇到什麼，祂都與我們同在，不離不棄。4

我不是神學家，沒辦法把罪惡與苦難的問題說個明白，對於為什麼會有災厄，也無法提出一套漂亮的解釋。但敞開來說，我們真的這麼在意這個答案嗎？即使有人能清楚解釋為什麼有罪惡與苦難，你會就此心滿意足嗎？我曾以為如果我能找到答案，我就會滿足，但我後來也發現，光是正確答案並不能減輕痛苦。

我們真正需要的是醫治。

我們真正需要的是親密。

我們真正需要的是在艱困之時不感孤單。

這些需要，耶穌都能回應，因為他知道人生是什麼樣子。他並不是待在天堂，遠遠地告誡我們要行善、要有道德。他不是叫我們去他那裡，而是自己跑到我們這裡，跟我們生活在同樣的世界裡。我們嘗過的苦，他也全都嘗過——挨餓、人際問題、痛失摯友，甚至被朋友背叛。

神的獨子不僅自己體驗了人生，更讓人類殺了自己，有誰能比他更瞭解這個世界呢？

神不是在懲罰你

因為我把自己的 YouTube 頻道、電子信箱、臉書等等全部公開，大家常留言給我，告訴我他們的困擾。我不只一次接到被性侵的人的信，內容十分令人難過，看得我話都說不出口。這是最難處理的創傷之一，令我印象尤其深刻的是一位女性的信，她在軍中遭到輪暴，也很仔細地說了為什麼在寫信給我以前，她只跟她媽說過這件事——她跟她媽提起時，她媽居然說：「妳做了神不苟同的事，當然會惹禍上身。」

「爆怒」實在不足以形容我讀到這句話的心情。

她所遭受的暴行純粹就是邪惡，對她一點幫助都沒有，神絕不喜悅這種苦難。

之所以要講這個例子，是因為我知道有很多人遭受了虐待，別人卻這樣回答他們。

4〈希伯來書〉13章5節。

電視、父母和我們自己，都常認為只要發生憾事，就代表神在懲罰我們，結果就是不少人覺得神痛恨人類，一點都不關心我們。

我想再說一次：受苦的時候，神不是在懲罰你。這一點我非常確定，因為神已讓耶穌為我們承受了一切懲罰。事實上，早在耶穌降生前幾百年，神已承諾他會一肩擔起一切責罰。舊約中的先知以賽亞（依撒意亞）說：

他被藐視，被人棄絕；
他忍受痛苦，經歷憂患。
人都掩面不看他一眼；
他被藐視，我們不敬重他。

但是，他承當了我們的憂患；
他擔負了我們該受的痛苦。
我們反認為他該受責罰，
該受上帝的鞭打和苦待。

為我們的罪惡，他被刺傷；
為我們的過犯，他挨毒打。
因他受責罰，我們得痊癒；
因他受鞭打，我們得醫治。5

耶穌被棄絕。
耶穌經歷了憂患。
耶穌也遭藐視。

宇宙之主甘願選擇了最艱辛的道路，好讓我們不必再走；祂焚毀了永罰之路，好讓我們不必承受。此外，當我們於世間受苦時，祂也與我們同在，整部聖經都是這樣的故事！在古希伯來世界，神總是特別關心貧窮、受壓迫、遭蹂躪的人，祂說自己會「看顧孤兒，保護寡婦」。6

5〈以賽亞書〉（依撒意亞）53章3–5節。
6〈詩篇〉（聖詠）68章5節。

神在聖經裡說得很清楚：只要祂的一個子民受苦，祂就受苦；一個子民疼痛，祂就疼痛；一個子民受傷，祂就受傷。祂跟自己的子民緊緊相繫，所以不管他們遇上什麼困擾，祂都當成自己的困擾。總之，你絕不孤單。

神也在〈詩篇〉（聖詠）裡說祂「醫治憂傷的人，包紮他們的傷口」。[7] 雖然我們無法解釋為什麼有壞事、為什麼會受苦，但能肯定的是：

會有苦難，並不是因為神不愛我們；
會有苦難，並不是因為神不在乎；
會有苦難，並不是因為我們遭到忽視。

對於為什麼會有苦難與邪惡，神並沒給漂亮、嚴謹的解答，但祂清楚而大聲地說了哪些不是答案。只要知道耶穌是怎麼死在十字架上的，就能瞭解他的愛有多深、多明顯，不可能還認為神不關心世人。神跟我們一樣痛恨苦難與邪惡，但為了讓我們與祂和好，祂甘願接受苦難。

他涉入了我們的混亂；
他接受了我們的創傷；
他承擔了我們的痛苦。

直到今天，祂也沒忘記受苦是什麼感覺。

耶穌的身教，乃是我們基督徒幫助受苦之人的典範。一個人年紀越大，越能瞭解這世界能傷人傷到什麼地步。人生隨時充滿悲痛、羞辱、死亡、創傷、痛苦，怎麼躲都躲不了，我們生存的世界就是如此殘酷。

所以，當受傷的人來找我們時，我們怎能隨便引句聖經敷衍了事，覺得這樣就有幫到他們呢？怎麼能送束花就不管人家了？過度「屬靈」的回應安慰不了人，跟性侵被害者說那是報應，更是粗暴至極。

耶穌絕不會這樣做。

7〈詩篇〉147章3節。

他會捲起袖子加入受苦的人。

他會傾聽。

他會與我們一同受苦。

他會靠近我們。

當我們受苦的時候，他會在我們耳邊輕聲喚起希望、提醒他的應許。如果我們學他這樣做，就能幫助到受苦的人。我陷入低潮的時候，最能讓自己重新站起的方式之一，就是讓朋友、家人來陪伴我。他們什麼話都不必說，只要陪伴便是最大的鼓舞。耶穌是這樣幫助受苦的人的，所以我們也該這樣做。他陪著我們悲傷，與我們緊緊相隨。

有位牧師說得好：「十字架是上帝在說：『我也跟你一樣』。」8

所以，請不斷告訴自己和別人：陷入痛苦泥沼之時，一定要與彼此同在。如果遇上的災厄極度惡劣、不義，請堅定地告訴受害人那不是他們的錯。如果你不知道原因、也不知如何解釋，也不用勉強去說、去解釋。與受苦的人同在，溫柔對待他們，苦其所苦，痛其所痛，讓神的恩典治癒他們。無論傷口多大、多深，希望永遠長存，神也絕不會拋下我們。

堅定的希望

講到苦難就不能不提基督徒對復活的堅定希望。基督徒都相信此生成敗並非一切，但基督信仰不僅如此而已。基督徒信息的中心是一位親近人的上主，是一位將復活帶入死亡的上主。

祂有一天會撥亂反正，祂會先懲罰邪惡，然後修復、救贖萬事，讓一切起死回生。所以你如果碰上邪惡的事、經歷了不義，請千萬記得神都看在眼裡，公義的上主看到了一切。世間的一切罪惡，不是由耶穌在十字架上補贖了，就是由直到末日仍不相信他的人付出代價。正如保羅（保祿）所言：「不可為自己復仇，寧可讓上帝的忿怒替你伸冤，因為聖經說：『主說：伸冤在我，我必報應。』」[9]

也就是說，我們大可把伸張正義的工作留給上主。

如果報應是神的工作，而我也能信任祂會做好這件事，那我剩下的工作就只剩下寬

8 Rob Bell, *Sex God: Exploring the Endless Connections Between Sexuality and Spirituality* (2007; New York: HarperOne, 2012), 98.

9 〈羅馬書〉12章19節。

恕了。

當然，我也常常想自己報復，但我這樣做時，通常只是讓自己變得更為痛苦。報復就像飲鴆止渴，你以為能讓自己痛快一點，結果反而毀了自己。其實你大可以停下來想一想：既然神都已經完全原諒了我們，我們當然也可以回過頭來原諒別人。所以，正義就讓神來伸張吧。

耶穌美好的應許，就是給了我們復活的希望。聖經說得很清楚：此生並不是生命的最終階段，只是罪惡已被擊潰、但我們仍受罪的遺毒的中間階段。死亡並非生命的主宰，但它還是會找上每一個人。我們都在等待，等待天地合而為一、整體更新的那一日，而那一日就要到來。

〈希伯來書〉的作者說：「信心是對所盼望的事有把握，對不能看見的事能肯定。」[10]如果你相信耶穌，就會有這種信心。耶穌允諾了生命，一切的邪惡將被抹煞，他會再來，並救贖、更新、修復一切。聖經把這個最後階段稱為「新天新地」。[11]聖經沒有說那一天到來之時，會有長著翅膀的可愛天使坐在雲端彈豎琴，它說的是：神會從天上降下全新的世界。

一個沒有痛苦的真實世界。

沒有死亡。
沒有罪惡。
沒有眼淚。
沒有痛苦。
沒有心碎。

這是耶穌要帶來的世界，也是我們在盼望的世界，此生及一切磨難都要消逝。我們受造，就是為了這更偉大、更美好、更超俗絕倫的一切。

在等候那日到來的此時，耶穌也派了聖靈（聖神）來撫慰我們。

聖靈指引我們。
聖靈與我們同在。
聖靈幫助我們成長。

10〈希伯來書〉11章1節。
11〈啟示錄〉（默示錄）21章1節。

在這等候階段，他承諾他絕不離開，永遠不會。

如果你有了耶穌，就不會絕望，沒有耶穌的人不會有這種希望。但只要你走向他，你就會有這種希望。此生充滿艱難、充滿挫折，但我們現在已嘗到了希望的滋味，也在企盼、追尋著這種希望。

我聽見有大聲音從寶座上發出，說：「上帝的家在人間了！他要和人住在一起，而他們要作他的子民。上帝要親自與他們同在，要作他們的上帝。他要擦乾他們每一滴眼淚；不再有死亡，也沒有悲傷、哭泣，或痛苦。以往的事都已經過去了。」

這時候，坐在寶座上的那位說：「看哪，我更新一切！」他又說：「要寫下來，因為這些話是真實可靠的。」[12]

12〈啟示錄〉21章3－5節。

問題討論

1. 你是否將自己的人生視為神的恩賜，連磨難的時刻也不例外？是的話，為什麼？不是的話，又為什麼？
2. 神如何救贖了你生命裡的苦難，將你的挫折轉為祝福？
3. 「美麗的人不是憑空出現的」。你同不同意這句話呢？原因何在？
4. 傑夫說神因為深深愛著我們，所以甘願捲入我們的混亂與痛苦。對於這個真理，你的回應是什麼呢？
5. 有沒有人是你需要寬恕的呢？你能如何放下心中的苦、復仇的衝動，走向寬恕、甚至和解？
6. 你能如何變得完全相信復活的盼望？這樣的信念會改變你的價值排序嗎？你可能還會經歷什麼改變呢？
7. 神為你的生命做了什麼新改變？

第八章

宗教說：如果你……神就愛你／耶穌說：神一直很愛你

Religion Says, "God Will Love You If..." / Jesus Says, "God So Loved..."

我跟隨耶穌將近一年之後，棒球隊友就把我當成基督徒代表了。我不跟他們去狂歡，也不像他們那樣對女生評頭論足，結果我在隊上幾乎只剩下一個好朋友。也就在那年，神那真實、美好、無瑕的恩典充盈了我。

沒錯，我已開始跟隨耶穌。

沒錯，「基督徒該做的事」我全都試著做。

沒錯，我參加了四十七個查經班——好啦，大概沒那麼多。

不過，神還是計畫要完全暴露我的罪，用祂的恩典擊垮我。雖然成為基督徒之時，即開始了跟隨耶穌之路，但要到祂完全抹煞我們的自以為是，並賜給我們豐沛、真實、具轉化力的恩典時，「跟隨耶穌」這件事才真正顯出其意義。

開始跟隨耶穌之後，很多誘惑全然消失了，但還有一個誘惑似乎怎麼趕都趕不走：色欲。我還是想看一些東西，也還是想跟女生搭訕。這個誘惑似乎特別頑強，它一再來叩門，而我好像總是抗拒不了。於是我常常陷入罪惡感與絕望，因為我覺得自己既然是基督徒，就不該繼續想這種東西，我甚至有種虛妄的念頭：耶穌看到之後，應該會立刻幫我驅散這些誘惑吧？此外，我前幾年的生活方式此時成了夢魘，不斷騷擾我、引誘我、追著我不放。

我大二時的一個晚上，神決定讓我知道兩件事：第一，靠自己抵抗罪惡乃是徒勞；第二，祂的恩典能徹底擊垮罪惡。我當時坐在床上打「最後一戰3」（Halo 3），但沒打多久就膩了，於是我開始胡思亂想，色欲又悄悄找上了門。我知道自己不該輕易投降，但有一部分的我卻想：有什麼關係呢？這點小樂子有什麼大不了呢？沒人會知道的。

於是我傳簡訊給一個我曾有肉體關係的女生，她也馬上回了簡訊給我，說她也很無聊，也想找些事做。我立刻開車去她家，兩個人都心知肚明對方想做什麼。其實在開車過去的路上，我心裡還是繼續上演正邪大戰。一部分的我甩不開色欲，另一部分的我則不斷告訴自己有更美好的東西，性愛也不可能帶來真正的滿足。但最後，我還是向色欲屈服了。我沒把那位女生當成依神的樣貌而造的靈魂，只將她物化為肉體；不相信神會帶給我更深刻的喜樂，反而以為自己才知道怎麼做最快樂。

我永遠記得那天回家時的感受：我覺得空虛、疲憊、骯髒。我明明是基督徒，**明明知道怎麼做更好**，也明明知道這種行為不可取，可是我還是明知故犯！明知故犯這點最令我羞愧，我不但自己主動提出邀約，而且明明有那麼多機會可以踩煞車，我卻全不理會。這種情況以前沒發生過，之後我也沒再犯這種錯。那晚我深深覺得羞愧、罪惡，甚至連身體都深感不適。我到隔天早上六點都沒闔眼，反胃、嘔吐，覺得自己骯髒、污穢、一無是處，覺得自己完全辜負了神，祂一定恨死我了。

我當時一直在想：**盲目無知、渾渾噩噩過日子，跟知道是非對錯、卻明知故犯，哪種行為更壞呢？**我明明知道這樣做不對，居然還是做了！

我那晚就這樣靜靜躺著，漸漸被自己的羞愧與罪惡感淹沒。但在此同時，也有一個聲音輕輕地在我靈魂深處低語：

我**愛**你。

我**想**你。

我為你**開心**。

我頓時覺得很安詳、很平靜。我不是用耳朵聽見這些話，而是從骨頭深處感覺到這些低語。我頓時深深放鬆，深刻感到神的臨在，而且一點都不覺得突兀。我的行為沒把神氣跑，在耶穌走上十字架時，他已預見了我會做些什麼（包括我剛犯下的錯），也預見了我會常常背棄他，但他還是充滿喜悅地向我走來、拉住我，[1] 從十架上望著我說：「我想要那個人。」

我「賺」不起這種恩典，也不配得到，但他無條件地愛我，賜給我恩典。事實上，我當時不僅不配得到他的愛，還恰恰應該接受他的憤怒與懲罰，可是他卻付出了他的美善與光輝，照進我這醜陋、污穢的人裡。

我頓時明白：神的恩典不是美好、可愛的，而是痛苦、令人羞愧的。

我第一次發現自己多糟，也發現在罪惡面前，自己多不堪一擊。被罪惡擊倒時，我只能陷在污穢中動彈不得，反而是恩典自己來找我、拉住我。恩典沒有在罪惡泥沼之外等我，反而主動過來拉我出去。我們無須掩蓋自己一無是處的事實，因為神已明白表示：祂要來拯救的，正是這種一無是處的人。

令人羞愧的恩典

神不掩飾罪過，相反地，祂在兩千年前便將罪惡公開展示在十字架上。耶穌降生世間，活出人無法企及的完美生命，但他卻像常人一樣地死去。他滴下的每一滴血，都是

1〈希伯來書〉12章1－2節。

滴在我們身上的愛。你曾覺得自己的罪需要付出代價嗎？

代價其實已經付了。

我們一切的罪。

我們一切的不堪。

我們一切的過犯。

我們一切的恥辱。

耶穌都為我們的行為付出了代價。

這樣的恩典是危險的，給一個人無條件、無擔保的寬恕是危險的。你若明白這種恩典的威力，就會知道它能將人整個反轉過來。兩千年前，正是這種恩典全然改變了十二個普通人，讓他們反轉了整個世界；也正是這種恩典，讓殉道者明知自己即將受死，卻還能平靜地看著劊子手的臉。耶穌所帶來的，就是這種恩典。

正因如此，讓這樣的真理不斷痛擊自己，才是靈性成長的唯一之路。就像一首舊聖詩說的：「我們喜歡晃蕩，喜歡離開我們所愛的上帝。」[2]我們知道真理，卻沒有真正瞭解真理的意義。我特別喜歡使徒保羅（保祿）在〈羅馬書〉裡說的一句話：「惟有不做工的，只信稱罪人為義的神，他的信就算為義。」[3]

請注意保羅說的話：神「稱罪人為義」。你相信這位稱罪人為義的神嗎？真的相信嗎？這位神所牽起的不是完人，不是好人，也不是努力要當好人的人，而是罪人。

神讓不義的人成為義人。
他讓不堪的人成為聖人。
他讓不潔的人潔淨。
他讓惡人無罪。
他「稱罪人為義」。

很有趣的是，當我們覺得自己有罪時，會想躲起來，但神做的恰恰相反——祂大聲

2 Robert Robinson, "Come, Thou Fount of Every Blessing," in *A Collection of Hymns Used by the Church of Christ in Angel Alley* (Bishopsgate, 1759).

3 〈羅馬書〉4章5節。

宣告自己會將罪人變成義人。於是整件事似乎變得很弔詭：我們成為義人的唯一資格，似乎是認清自己是**罪人**。神的意思好像是：**及格的唯一條件，就是承認自己不夠格**。

恩典給的是「不做工」的人。但請讓我澄清一下：做工不是壞事，循規蹈矩也不是壞事，事實上，我很鼓勵大家努力為之。但如果我們想以做工換取救贖，做工就成了一件可怕的事。因為不論我們多努力，都不可能換得神的恩典，再怎麼拼命都不夠換。要得到恩典，我們該做的不是努力做工，而是努力休工。有些時候，停工休息其實是最難的事，所以不為神做工反而需要努力。因此〈希伯來書〉的作者才會說：「我們應該努力進入那安息。」[4]

保羅在〈羅馬書〉裡說：如果基督徒不做工而信靠稱罪人為義的神，「他的信就算為義」。從相信耶穌的那一刻起，我們的身分就成了他的身分，我們不再代表自己，而是耶穌代表我們。我們的信仰不是賺來的，而是領受的。只要信耶穌，神就會以看待耶穌的方式看待我們，即使我們搞得一團糟，神還是會看著我們說：「我的孩子，你潔淨無瑕、完美無缺，你自由了！」

正是這種方式改變了我們的心，激勵我們敬拜祂，也正是這種方式改變了很多人的一生。

你不需努力。
你不需掩蓋自己的罪。
你只要信耶穌，那在十字架上為你犧牲自己的耶穌。

你要做的是放棄：放棄你的罪，放棄你的過犯，放棄你的生命，並且像上主一樣放棄自己。

他承擔了你的羞辱，承擔了你的罪、你的不堪，所以神既是公義的，也稱那些信耶穌的人為義。神沒有免除你的懲罰，但祂讓耶穌為你承擔懲罰。所以，別再做耶穌已做完的事了，該做的他都做了。只要你信他，你的信就算為義。

真正的治癒

要說明宗教與恩典間的重大區隔，〈約翰福音〉（若望福音）中那個行淫婦人的故事

4 〈希伯來書〉4章11節。

是很好的例子。我寫過一首詩叫〈性的治癒〉（Sexual Healing），[5]其中一節就是從這故事得到靈感的。當我們覺得自己很骯髒、很卑劣時，可以看看耶穌是怎麼對待這個行淫的婦人的。[6]

當時，宗教領袖們將她拉到聖殿前，打算用石頭砸死她，他們拿著律法當擋箭牌，將處死這個女人合理化。據〈約翰福音〉，耶穌那時已經在聖殿教導群眾了，所以當他知道宗教領袖們的意圖時，他停下來對他們說：誰沒有犯過罪，誰就先拿石頭砸她吧。你能想像接下來發生什麼事嗎？——一片死寂，只傳來石頭從他們手中落下的聲音，以及他們一一離去的腳步聲。最有趣的是，依耶穌的標準，其實是有一個人能拿石頭砸她的——耶穌自己。耶穌沒犯過罪，所以他有權拿石頭砸她，可是，他卻是眾人當中唯一不想砸她的人。

這個例子再次說明：耶穌的恩典是令人羞愧的。那些法利賽人的確沒錯，摩西（梅瑟）律法**確實**有說那個女人該用石頭砸死，[7]她犯了罪，而且被當場抓到（我倒是有個問題：依照律法，不僅淫婦要被砸死，姦夫也要。但這傢伙怎麼沒出現呢？他怎麼沒被拉出來示眾、羞辱呢？顯然宗教有雙重標準）。

我實在無法想像那女人承受的羞辱。在通姦時被當場活逮，直接拉到聖殿，眾目睽睽、無地自容，而且命在旦夕。當時的她無處可逃，四周的宗教之聲開始唾棄她：「妳一文不值！妳不夠好！妳該死！」但就在那時，恩典之聲出現了。那聲音有神的權威，雖然輕柔，卻足以穿透所有的宗教譴責：「我不定你的罪。去吧，別再犯罪！」

請注意這句話的順序。宗教會說：「去吧，努力別再犯罪，這樣我就不定妳的罪。」耶穌的順序恰恰相反。耶穌的話讓我們知道：我們已經自由、不被定罪了，可以邁步離去，自由而聖潔地過活。

請把自己當成這則故事的主角。你有什麼事瞞著神呢？有什麼事一旦曝光，會讓你像那個行淫的婦人一樣無地自容？

執著權力、愛控制別人？

靠藥物減輕痛苦與孤獨？

深深的不安全感？

何不讓神的恩典，碰觸一下你生命裡的那個部分呢？很多時候，不是神的恩典退

5 Jefferson Bethke, “Sexual Healing,” http://youtu.be/IlJFvxad1_A (accessed January 30, 2013).
6〈約翰福音〉8章1–11。
7〈利未記〉（肋未紀）20章10節；〈申命記〉22章22節。

縮，而是我們自己躲著祂不見。我們都戴著面具，不敢顯露真實的樣貌，反而躲在工作、成就、體能、成績、人際關係等偽裝背後，不願讓人看到真實的自己。

戴面具的問題在於：即使被愛，也是那張面具被愛，不是我們自己被愛。我們獲得的東西都被那張面具擋了下來，無法深入我們的靈魂，即使是神的恩典也不例外。神每時每刻都在尋找我們、賜與恩典，但除非我們拿下面具，否則絕不可能接收到恩典。

將真實的自己攤在陽光下，雖然難免會感到脆弱，卻能得到喜樂與自由。無論你犯了什麼罪，恩典都可以解決。對神來說，沒有什麼罪大到祂寬恕不了。所以，每當「神饒不了我」的念頭浮現時，我總會想想使徒保羅的話：「罪越增多，上帝的恩典也更加豐富。」[8]

恩典永遠獲勝。

真愛故事

別說出去喔，我其實超喜歡浪漫愛情故事的。我不太確定該不該把這件事公諸於世，但既然咱們算朋友了，我就坦白告訴你吧：愛情故事對我一直都有很大的吸引力。

我最喜歡的愛情故事之一，是兩千五百年前寫下的，收錄在舊約聖經裡。我之所以這麼喜歡，是因為那是真實的故事，不是迪士尼電影、也不是童話故事。這故事充滿痛苦與不忠，但恩典仍滿溢其中。故事主角叫何西阿（歐瑟亞），是上主揀選的先知，也是一位虔誠、正直的人。如果何西阿生在今日，他會誠實報稅、扶老太太過馬路、每週二跟四還去遊民收容所當志工。

然而令人震驚的事發生了：神要何西阿去娶一名叫歌蜜（哥默爾）的娼妓：「你去娶淫婦為妻，也收那從淫亂所生的兒女。」[9]

宇宙的創造者會提出這種要求，你不覺得很奇怪嗎？我相信何西阿聽到之後，腦子裡的問題一定多到爆炸。「真的假的？要我娶妓女？」我相信他的自尊一定會大聲抗議：「有沒有搞錯？要我娶妓女？我應該要有更好的對象吧？我一直努力行善啊！神啊，為什麼我偏偏要娶她呢？」

然而，他還是順從了這個要求，追求、也娶到了歌蜜，和一名娼妓定下了永恆之約。

如果歌蜜婚後有了一百八十度的轉變，不再重操舊業，這個故事還算有個快樂結

8〈羅馬書〉5章20節。
9〈何西阿書〉（歐瑟亞）1章2節。

局，問題是歌蜜並未如此。對歌蜜來說，不忠不是一時衝動，而是她一直以來的行事風格，即使結了婚，她還是繼續勾搭別的男人，繼續生活淫亂、作賤自己，何西阿後來甚至還得從奴隸市場將她買回來。[10] 我們可以想像一下他當時的心情：丟臉？尷尬？彆扭？

你能想像去奴隸市場將自己的妻子買回來的情況嗎？我想她大概衣不蔽體地站在市場裡，周遭的男人調戲她、嘲弄她，手上銅板叮噹叮噹響，討價還價把她當成塊肉一樣。接著何西阿滿臉通紅出現了，二話不說喊了最高價，希望能把妻子帶回家。

我猜何西阿應該大聲罵過上主：「我都娶了她了，到底還要怎樣！我真的還得不斷把她追回來嗎？如果她不在乎我，那也是她的選擇！」

差不多就在那時，神輕輕地道出了祂的旨意。神要何西阿娶歌蜜，不是刻意要整他，而是希望透過何西阿與歌蜜的例子，讓以色列人知道神多想把他們找回來。**我們**在靈性上都和那娼妓一樣，不斷將人生虛擲在假神——金錢、性、名聲、工作等等——之上，但神還是一再尋覓我們、找回我們、永不放棄。聖經裡的神就是這個樣子。

覓人之神。

立約之神。

無盡的愛與恩典之神。

用這個故事來自我反省，實在不怎麼愉快，但我喜歡這個故事描述神的方式，它有力地寫出了真實的上主。神不只娶我們一次，不只找我們一次，不只救我們一次。[11] 祂給了子民承諾，就言出必行；祂絕不離去，絕不拋下我們不管。但祂的愛並不親和柔軟，反而是猛烈、狂暴、要求專一的。[12]

這故事最吸引我的地方在於：神絕不強迫我們嫁給祂或服從祂，祂就像何西阿一樣，總是努力地**追求**我們，想盡辦法帶我們回到祂身邊。就像何西阿不計前嫌帶回歌蜜一樣，神也在耶穌裡帶回我們，之前的不堪、過錯與不愉快全都一筆勾消。我們可能逃跑、反叛，但在耶穌裡，我們永遠有穩固的錨。我們已經被帶回來了。神的愛滿有大能，當這份愛穿透我們的心，我們的心必然發生轉化。大家很多時候都把神視為高高在上的法官，充滿威嚴地坐在那裡準備定我們的罪。但實情卻是：神是位充滿愛的丈夫，

10〈何西阿書〉3章2節。
11〈路加福音〉15章4-10節。
12〈出埃及記〉（出谷記）20章5節。

不斷用愛感化我們，讓我們不再怕祂。

你認識這種愛嗎？或者你順服上主，只是因為怕祂？雖然恐懼與愛都能讓人服從，但唯有愛能帶來喜樂。恐懼的邏輯是：「要是你這樣做或那樣做，你就倒大楣了。」以恐懼為基礎的宗教的問題在於：如果恐懼消失了，人也就不再順服了。假如你是因為畏懼神的誡命而順服祂，那你敬拜的其實不是神，而是你自己的恐懼。

愛則是另一回事。愛也能驅動人心，但它帶來的是恆久的喜樂與順服。何西阿的愛既豐沛又堅韌，緩慢但堅定地將歌蜜帶回永恆之約。他從沒以離婚威脅歌蜜，反而不斷地給予更多、更多、更多的恩典。

神的恩典遠比恐懼更加有力。愛是最大的驅力，唯有愛能讓人不僅甘願順服，還**恆久**順服。要是驅動你的是恐懼、規則、憤怒或其他情緒，當這些情緒消失之後，你的動機也隨之消失。但愛卻不同，愛是心的狀態，在一時的情緒過後，愛仍繼續存在。

我們不是神的雇工

在何西阿與歌蜜的例子裡，我們認識到神是立約的神。立約的愛代表深刻的奉獻與承諾，它的基礎不是一時感覺或他人的行為，而是立約之人的喜樂。神之所以愛，是因為祂**就是**愛，並不是因為我們可愛所以祂付出愛。一定要弄清楚其中的區別。

在我們許多最珍貴的關係中，常可見到「約」的概念。但可惜的是，其中一些已經完全腐化了。由於自私，我們現在不願承諾與人廝守至死。我們嘴巴上說：「直到死亡將我們分開。」心裡想的卻是：「等到你無法滿足我了，我們就分手。」沒人願意承認實情如此，但離婚率已做了鐵證。離婚變成家常便飯，我們不再把愛當成自願、奉獻的行動，只把愛理解為膚淺的激情，激情過了，兩個人就可以分手了。

不過，我們不會這樣看待親子關係。如果小孩只不過把喝的東西灑在地上，爸媽就說：「臭小子！我走人了！我不再愛你了！」大家都會覺得父母太過分了。我們依然相信親子關係是不能毀的約，而事實上，我們也應該這樣看待婚姻關係。婚姻關係是神用來提示我們神人關係的重要方式之一，所以耶穌才會那麼反對離婚。每有一對夫妻離婚，就等於是說神與人的關係只是幌子。但即使我們常常破壞約定，神還是沒有離開我們。

神大聲宣示「約」的重要性的地方之一，就是我在第三章裡稍微提過的浪子的故事。在那則故事進行到中段時，發生了一件很有意思的事。

當時那個小兒子已經徹底毀了人生。他拿走了自己應得的遺產，縱情享樂花個精光，除了一個空包袱和一顆空虛的心，什麼也不剩。當他幾乎要跟豬搶食東西時，他終於醒悟了，發現自己就算回家當父親的傭人，還是好過自己現在的處境。於是他對自己說：「我要起來，回到父親那裏去，對他說：爸爸，我得罪了天，也得罪了你。我再也不配作你的兒子；請把我當作你的雇工吧！」13

我覺得很有趣的一點是：他還沒到家，就已經開始想該說什麼話了。會這樣做的可不只他一個，我就是如此！每次我搞砸了什麼事，在請神或該道歉的那個人原諒之前，我就已經忙著想該怎麼道歉了。

可是浪子還沒到家，他父親就遠遠看到了他。這位父親立刻跑向他的孩子，擁抱他、親吻他。請注意：這位父親是跑過去的，是他追過去，不是浪子跑過來。這位父親一刻都不願等，馬上奪門而出，向著他兒子跑去。也很重要的是：在希伯來文化裡，老人跑步是很失態的（如果你想說你看過不少老爹在路上跑，容我提醒你這裡是美國）。不過，這位父親一點都不在乎，他就是跑了出去，不怕別人輕視他、說他閒話。接著，他深深擁抱自己的兒子。

這孩子是從哪兒回來的呢？依前文推斷，他是從豬圈回來的，可想而知，當時他一定又髒又臭、狼狽不堪。要是你擁抱一個渾身骯髒的人，當然，你也會弄髒。

這便是耶穌在十字架上的樣子：雙手大大張開，吸進我們一切的污垢。他沒等我們梳洗乾淨就擁抱了我們，讓我們把他弄得一身髒。

在受父親擁抱的時候，那兒子開始跟父親說他事前想好的話：「爸爸，我得罪了天，也得罪了你，我再也不配作你的兒子。」[14]

我總會想像這位父親回說：「對，你壞透了，再也不配作我兒子。你之後得在這裡做工補償我。」可是他講的話跟我想像的天差地遠，事實上，他說的話還可能顯得很粗魯！因為他甚至沒有接受兒子的道歉。

可是父親吩咐僕人說：「趕快拿最好的衣服給他穿上，拿戒指給他戴上，拿鞋子替他穿上，把那頭小肥牛牽來，宰了，讓我們設宴慶祝！因為我這個兒子是死而復活、失而復得的。」於是大家歡宴起來。[15]

13〈路加福音〉15章18–19節。
14〈路加福音〉15章21節。
15〈路加福音〉15章22–24節。

換句話說，這位父親想講的是：「別這副可憐樣，你到家了才重要！來慶祝吧！」雖然這兒子說他只配當父親的雇工或傭人，但他父親理都不理，他甚至沒給他補償的機會，就直接給了他兒子的權利。衣服和戒指象徵與家庭完全和解。

我們跟神的關係不也一樣嗎？

我們寧可當祂的雇工，而不是當祂的孩子。
我們寧可跟祂打合約，而不願與祂立約。

我們總是絕望地想賺得恩典、買下恩典，想靠自己完成交易。但恩典令人羞愧的地方在於：我們根本不用為神工作，反而是祂為我們工作。還有比這更過分的事嗎？祂把我們帶到家裡，而非帶到工廠。如果真的明瞭一個人只要信耶穌，就永遠都是耶穌的人，我們一定能馬上覺得自由、有安全感。

當個雇工是沒什麼安全感的，合約會到期、甚至被撕毀，要是做錯了什麼事，還有可能被炒魷魚。但如果你是孩子，在你陷入困境、或是要要叛逆時，父母只會更關心你、離你更近。我認識的每個父母都是這樣，當孩子低潮、叛逆時，他們絕不會跟孩子

「解約」，反而徹夜思考、祈禱，想盡辦法要把孩子拉回來，也就是說，孩子這時反而得到**更多**關注。

神跟我們的關係也是這樣，祂絕不會離開我們。在我們闖禍、或是陷入困境之時，祂會給我們更多關心。「孩子」的身分不是賺來的，你**生來就是**。

我爸叫蓋瑞．貝斯齊（Gary Bethke）。你想想看，如果有人問我：「傑夫，你是蓋瑞．貝斯齊的兒子嗎？」我卻回答：「嗯，你知道，我真的很想當他兒子，我很努力要當，可是很難。」這聽起來多奇怪啊！我都能想像問我的人會是什麼表情。你不用**努力**去當某人的孩子，你生來就是了。所以如果人家問我們「你是基督徒嗎？」，實在沒道理回答「我努力要當」。

你不需要努力去當神的兒女，你生來就是了。神已經是我們永恆的父親與丈夫，祂以我們在世間所知最恆久的關係，來描述祂與我們的關係。

真正的自由

關於神的恩典，我最喜歡的地方之一是：綜觀整部聖經，它很少提到要你做什麼事來回報。恩典源源不絕，愛從神的心中單向流出，直入我們胸懷。

這樣的恩典是令人羞愧的。

很多宗教人士會說：「你要小心，很多人會濫用這種讓人自由的恩典，告訴自己『沒關係，反正我會被寬恕』，最後變成偽君子。」

他們還會說：「這種恩典可能造成無政府狀態。」

沒錯，有人會佔恩典便宜，但也正因恩典可能遭到濫用，恩典才叫恩典。恩典極度脆弱，但這脆弱之中也蘊含著無窮威力，它能完全轉化一個人，讓他們不再想佔恩典便宜。在你真正明瞭自己獲得自由之時，你會覺得世上最美好的事，莫過於將生命獻給讓你獲得自由的那一位。

只有將神視為法官而非父親的人，才會去佔恩典便宜。人們遇上法律問題時，第一個想到的總是：「不惹禍上身的底線在哪？」但在親密關係之中，大家很少會去想「底線」的問題。看看這個問題多蠢就知道了：「在不離婚的前提下，我可以不關心艾莉莎到哪種程度？」我當然不會去想這種蠢問題！相反地，如果我愛她，我只會成天去想怎麼**多**愛她一些，我會想盡辦法跟她更親密，而非跟她**保持距離**。

下面這則故事，是關於亞伯拉罕・林肯（Abraham Lincoln）從市場上買了個奴隸。

話說林肯不忍心看到一個女人做奴隸，所以買下她後就走了，讓她自由。可是那女人馬上跟上來問說：「先生，您買下了我，您希望我為您做什麼呢？」

林肯回答：「妳自由了。我不想讓妳當奴隸，所以買下了妳。妳現在自由了，想做什麼都可以。這就是『自由』的定義。」

那女人不敢置信：「自由？想做什麼都可以？」

林肯說對。

「想做什麼工作都可以？」

林肯說對。

「想去哪裡都可以？」

林肯又點點頭說對。

女人的臉上綻出笑靨：「如果自由是想做什麼都可以，那我想跟著您。」[16]

一旦你明白耶穌給的禮物多大，你一定忍不住想跟著他。因為他為你付出了生命，你也會忍不住將自己的生命交給他。

16 Steve Brown, "Lincoln at the Slave Block," Men of Integrity, ChristianityToday.com, January 21, 2000, http://www.christianitytoday.com/moi/2000/001/january/lincoln-at-slave-block.html (accessed January 31, 2012).

這便是恩典令人羞愧之處。我全然同意，基督徒確實有濫用恩典的可能，但若你真正嘗過恩典的滋味，你一定不會濫用它；你若真正經歷過基督所賜的喜樂與生命，你就知道世上沒有任何東西比它更美好，你就不會想利用恩典來做之前沉迷的事。那些東西再也吸引不了你了，因為你會**愛耶穌無比**！

不過，這樣的恩典也讓某些宗教人士產生誤解，我也曾經誤解了它。真正的恩典是控制不了、也馴化不了的。沒有任何領袖能用它來操控群眾建構社會。恩典是狂野的，你只能相信它使命必達。

在希臘神話裡，賽倫（Sirens）是最具誘惑力的生物。她們長得跟美人魚一樣，通常出沒在島嶼四周，以她們迷人的歌聲誘惑船員，讓他們忍不住隨著歌聲開往暗礁，最後撞船、沉沒。據說船員們後來也知道了賽倫會在哪裡出沒，因此他們也會盡一切可能阻擋賽倫的歌聲。

在荷馬（Homer）史詩《奧德賽》（*The Odyssey*）裡，船員用蠟封住耳朵，希望能阻擋歌聲，免於一死。但奧德賽的任務是確認歌聲消失，讓船員們知道何時可以卸下「耳塞」，所以只有他沒把耳朵封住。為避免自己受到誘惑，奧德賽要人將他緊緊綁在桅桿，不讓自己有掌舵的機會。到了接近賽倫之時，奧德賽果然禁不起誘惑，下令將他放開，讓他隨賽倫而去。好在他的手下抗命不從，反而將他綁得更緊。[17]

大家耳熟能詳的傑森偷取金羊毛的故事，是出自阿波羅尼奧斯（Apollonius）的史詩《阿爾戈船英雄紀》（*Argonautica*），關於賽倫，這部史詩講了另一個故事。在這部史詩中，賽倫被描繪為人鳥混種的生物，但同樣也有魅惑船員的歌聲。只是在阿爾戈船接近賽倫的時候，船員們沒有用蠟封住耳朵，所以馬上被吸引過去，船上一位名叫奧菲斯（Orpheus）的人見苗頭不對，立刻撥起七弦琴，將賽倫的歌聲蓋過去，也就是說他跟賽倫拚音樂，但他的音樂更大聲、更吸引人。最後他成功救了大家，全船只有一個人喪生。阿爾戈船的人沒有將自己緊緊綁起、限制自己的行動，因為他們的耳朵「滿溢著他的琴聲，七弦琴戰勝了少女的歌聲」。[18]

神的恩典就像這琴聲。人在真正認識恩典之後，就不再需要拚命抵抗誘惑、避免重蹈惡習、再次犯罪，而是很自然地想緊緊跟著恩典，因為它太美好、也太珍貴了。用阿爾戈船的例子來說，恩典就是比罪惡更美的樂章。正因恩典如此美好，所以我們根本不會想利用它，畢竟對真正嘗過恩典的人來說，世上沒有任何事值得他們利用恩典。奧菲

17 Homer, *The Odyssey: The Story of Odysseus*, trans. W. H. D. Rouse (New York: Penguin, 1999), 138–142.

18 Apollonius Rhodius, *The Argonautica*, trans. R. C. Seaton (New York: Macmillan, 1912), 355–357.

斯的琴聲極美，神的恩典更是動人、澎湃、壯麗、偉大，讓人不得不沉醉其中。

嘗到恩典之後，我們不會想：「喔，這種事我最好別做，免得被神抓到。」反而會想：「祂的恩典比這一切好太多了。」

讓神喜悅的方式，不是拚命忍耐、強迫自己順服，而是讓全世界知道神有多迷人。

恩典的最好之處，在於它能改變人。真正的恩典不只愛我們現在的樣子，更希望讓我們變得更好。廉價的恩典則是一種扭曲的愛，明明看到所愛的人身處險境，卻仍只會說「我愛你」，不知出手相救，這種「恩典」根本不算恩典。我們都需要拯救，而神所做的正是拯救。如果我們能換個方式來看事情，就會知道神的恩典已經降臨，也開始轉化我們了。不要認為恩典遠在天邊，神無時無刻都在給你恩典。

恩典不需代價。

恩典給予生命。

你願意相信祂嗎？

問題討論

1. 傑夫說耶穌知道他一切的罪，但走上十架之時，耶穌還是說：「我想要那個人。」你會怎麼回應耶穌對你的大愛呢？
2. 你對恩典的理解也是「令人羞愧的」嗎？請談談你的想法。
3. 你戴著什麼面具？它怎麼讓你遠離神的恩典？
4. 先知何西阿的故事，讓我們知道神會不顧一切尋覓人。你曾感到被神尋覓嗎？如果有的話，請談談那是怎麼樣的經驗。
5. 你和神的關係是打合約還是立約？為什麼？
6. 這章提到：神的恩典比世間的一切都更美好。請想想你周遭有沒有很需要這份恩典的人，你又會怎麼跟他們形容恩典呢？

第九章

宗教指向一個黯淡的未來／耶穌許你一個光明的未來

Religion Points to a Dim Future / Jesus Points to a Bright Future

剛成為基督徒時，我覺得只有宗教的事物才重要，例如查經班、祈禱、聖詩以及作禮拜。我覺得自己該緊緊抓住這些東西，直到生命終結。等到離世安息之後，一切都會撥雲見日、大放光明，而我們也將永遠生活在白飄飄的天堂之上。

我一直都這樣想，直到我讀到〈羅馬書〉第八章：

> 因為整個被造的變成虛空，不是出於本意，而是出於上帝的旨意。然而，被造的仍然盼望著，有一天能擺脫那會朽壞的枷鎖，得以跟上帝的兒女分享光榮的自由。我們知道，直到現在，一切被造的都在呻吟，好像經歷生產的陣痛。[1]

原來所有的受造物都被罪惡綑綁、腐蝕，也都在痛苦地呻吟，但有一天終能「擺脫那會腐朽的枷鎖」。剛讀到這段時，你可能覺得它有點嬉皮風。這段經文似乎是說神和全體受造物都立了約，就像祂跟我們立約一樣。

這個想法令我深受震撼：原來神關心那麼多我們並不在意的事。

神關心世界，但我們以為世界將會毀滅。

神關心藝術，但我們以為藝術只應為救恩信息服務。

神關心各種職業，但我們以為只有「教會牧養工作」能讓祂開心。

世間生活並不只是通往天國的過渡階段，只要還在世間，我們便應致力創造、耕耘與拯救。我漸漸明白，大家之所以會產生我以前也有的誤解，是因為並不瞭解我們為什麼被創造。

我們受造的原因與目的

要瞭解我們為什麼被創造，得重回那古老的園子。人類始祖在那裡裸體而行，沒有罪惡，亞當、夏娃（厄娃）身邊可能還有猩猩、獅子走來走去。那大概是歷史上最美好的時光吧，我想。〈創世記〉說：「我們要照著自己的形像，自己的樣式造人，讓他們管理魚類、鳥類，和一切牲畜、野獸、爬蟲等各種動物。」[2]

1〈羅馬書〉8章20–22節。

2〈創世記〉1章26節。

神創造人類時，是以祂的形像造的。在此之前祂已造了萬物，但沒有一樣東西是「依祂的形像」而造的。在舊約中，「神的形像」這個詞只出現過三次，三次都出現在〈創世紀〉，都是在講神創造人。唯有我們人類是依神的形像而造的，也就是說：我們與神有某種相似之處，祂的本質投射在我們身上。

人類有創造的能力，就是「人依神的形像而造」的一個記號。除了人以外，沒有任何受造物有創造的能力。的確有某些動物有建築或工作的能力，但牠們不會**創造**，不會無中生有。我從沒聽過有哪匹馬寫了劇本得獎，有哪隻鯊魚畫了張夕陽的油畫。獨有人類具有創造的能力。

身為神的兒女，我們有責任好好運用生命來瞭解一件事：我們有著神的形像，反映了祂的樣貌。不過，我們的所作所為常常不像反映耶穌的鏡子，反而比較像宣傳自己的看板。然而離開耶穌，我們就失去了創造的能力，就像沒有太陽，月亮不會發亮一樣。月亮之所以能「亮」，只是因為反射了陽光，本身並不會發亮；同樣地，單靠我們自己，絕對無法創造或擁有神的形像。想藉著成就來獲得榮耀，就好像月亮自己大喊：「瞧瞧我多偉大！」但事實上，月亮只能靠太陽才能發亮，月亮的光是跟太陽**借**來的。

神之所以希望我們參與、管理、耕耘祂的創造，部分原因也在於此。舉例來說，如果艾莉莎是攝影師，那我想我不大好跟她說：「嘿，艾莉莎，我真的很愛妳，但我恨透了妳的攝影。這玩意兒根本沒意義，又浪費時間。」要是我真的這樣講，她一定很氣我。為什麼呢？因為攝影是她做的事，裡頭有她的形像，所以我稱讚她的攝影，也就等於是稱讚**她**。

愛她所創造的東西，也就是讓她知道我愛她。對神來說也一樣，我們不能一邊說自己愛神，一邊又蔑視祂的創造。既然每一個人都是依神的形像而造，所以不同種族、文化、國家的人，也都有其價值與尊嚴。你想徹底改變對別人的看法嗎？將他們視為依神形像而造的同胞吧！他們雖然和你一樣有缺點，但仍是依神的形像而造的。

讓我們藉著愛神的子民來愛祂。

教會牧養

我剛成為基督徒時，雖然滿腔熱血，但腦袋空空。當時我隨便閉眼一想，就覺得自己知道神的心意，有一大堆事得小心注意。比方說喝酒是罪，毫無疑問——當時的我甚至拒絕好好去讀耶穌的第一個神蹟「把水變成酒」。

酗酒？當然是罪。

讓弟兄姊妹步入歧途？當然是罪。

但喝酒本身是罪嗎？跟刺青一樣找不到經文佐證。

我當時老愛跟每個朋友嘮叨流行音樂，覺得一個人不可能既是基督徒，又去聽那些魔鬼同路人寫的歌。要是一首歌沒出現「阿們」、「哈利路亞」、「寶血」等等，我就覺得那首歌不對勁。為此，我至今仍深深後悔。

我的 iTune 當時存了一大堆歌，其中大約只有兩成是所謂「基督教音樂」。於是我花了一整個晚上檢查清單，把一些歌標記起來，另一些歌**丟進資源回收桶**。粗估一下，我大概把幾千首歌丟進了資源回收桶。最後進入了最高潮：我在資源回收桶上按右鍵，選了「清空資源回收桶」，然後點下。刷地一聲，所有的歌全部消失。坦白說，我當時感到相當聖潔，覺得神從天上對著我微笑——我把饒舌歌手小韋恩（Lil Wayne）的歌全刪了，祂怎麼能不讓我進天堂呢？

讀到這裡你可能覺得怪怪的，我要說的是：之後的一兩年我不斷參加查經班，也開始覺得自己的處理方式不太對勁——為什麼會有「基督教音樂」這種分類呢？歌曲沒辦法獲得拯救，我買下這些歌開始聽之前，也沒有先為它們付洗、給它們聖餐，那麼，為什麼這些歌要特別稱作「基督教音樂」呢？此外，為什麼只有這個宗教會以信仰而非曲風來將音樂分類呢？

我去唱片行的時候，從沒看過什麼「伊斯蘭音樂區」、「無神論音樂區」，或是「不可知論音樂區」。既然音樂都是以風格來分類的，獨獨以宗教信仰分出「基督教音樂」不是很奇怪嗎？我覺得無論對基督徒或非基督徒來說，這種現象都是個控訴：對基督徒來說是控訴，是因為這顯示我們喜歡縮在自己的次文化裡；對非基督徒來說也是控訴，是因為這代表他們排斥耶穌的追隨者，不願將基督徒的聲音也納入「音樂」這個產業之中。

總之沒過多久，我就開始想念被我刪掉的那些歌了。我原本以為基督教詩歌能讓我成長，但似乎並未如此。很多基督教詩歌聽來陳腐、無聊、千篇一律；有些則是歌詞很好，但曲調很糟。順帶一提：如果你把歌詞裡的「上主」改成女朋友的名字，那首歌可能聽起來就毫不深刻、也沒有神學意義了。

還有，我越是讀聖經，越是覺得很多基督徒根本不瞭解聖經。他們嚴格強調的「聖」、「俗」之分，其實是源於希臘哲學家的靈肉之別，以為肉體是庸俗的，靈魂才重要。但事實上，神從沒這樣講過。相反地，在〈創世紀〉第一章中，神說祂所創造的一切都是好的。

一切都是。

也就是說，無論是音樂、藝術、食物、動物、植物或是樹木，本身都是好的。這些東西都不邪惡，我們妄加濫用才是邪惡。好好看看聖經，你會發現很難找到什麼東西本身是邪惡的，聖經所譴責的，幾乎都是扭曲神原先造物的用意。萬物都是神所造的，不需要貼上宗教的標籤，它們也是好的。祂創造了樹木、分子，也創造了味蕾，讓我每次嚐到艾莉莎的特調沙拉醬時，都會開心一顫。為此，我怎能不讚美、榮耀祂呢？聖與俗之間並無分隔，是我們全然忽略了這點，才會一直堅持兩者天差地遠。

身為基督徒，我們應該為優質藝術與文化立下典範，不應置身事外，只抄襲一點皮毛再為其貼上宗教的標籤。畢竟造物主是我們的父，如果我們白白浪費創造能力，等於是在犯罪。這聽起來或許嚴厲得刺耳，但應該能刺激我們更加努力。我們應該認真看待自己的言行，既然身為依神的形像所造的人，我們就該把祂的形像好好表現出來。要是做了壞事，等於是扭曲了神的樣貌。

要是我們抄襲，就等於在說神是抄襲者，但祂不是。

要是我們食古不化，就等於在說神食古不化，但祂並非如此。

要是我們不相信萬物的美善，就等於在說神也這樣認為，但祂沒有。

只要我們沒有好好表現出神的樣貌，就等於在說神就是這樣，但祂絕對不是。

從小到大，我在教堂裡看到的藝術不外乎耶穌受難圖和十字架。我一直在想：在基督徒的世界裡，除了「救贖」之外，藝術難道就沒有其他主題了嗎？**難道不能為藝術而藝術，讓這些真實而美好的事物自然地指向耶穌？**以耶穌為我們犧牲為主題當然很好，但日常生活中種種美好、奇妙的事，不也同樣令人讚嘆嗎？這些也都值得用藝術歌頌啊！

使徒保羅（保祿）在人生將盡的時候，跟他的門生提摩太（第茂德）說：「上帝所造的一切都是好的，都應該用感謝的心領受，不可拒絕，因為上帝的話和人的祈禱使這些食物成為聖潔了。」[3]我們獻給神的榮耀實在太少了，祂應該得到更多。

如果我們只為「宗教」的東西感謝神，實在跟偷東西的賊沒什麼兩樣。神該當得到一切榮耀。吃東西時，我們該讓祂知道祂創造了食物多麼偉大；聽音樂時，我們也該這

3〈提摩太前書〉4章4-5節。

樣做。要是我們不這樣做，就無異於偷竊，因為我們沒將神應得的榮耀獻給祂。

我大學時有段時間頗為煎熬。雖然每天早上我都祈禱完才去上課，但我三不五時還是覺得難受，覺得校園生活一點意義也沒有，只想回房祈禱、讀聖經。祈禱、讀經當然非常好，可是我也常常在想：神不也臨在於日常生活，隨時隨地無所不在嗎？我在房裡獨處時，祂與我同在；我進教室上課，祂還是與我同在。祂隨時在我身邊，不僅希望我用祈禱榮耀祂，也希望我吃東西時為食物感謝祂。

我就這樣慢慢思考自己該做什麼工作。高年級時我退出了棒球隊，因為我想更專心讀經，也努力讓自己夠格做更「正直」的工作，例如當牧師或神學家。要與耶穌維持健康的關係，讀經當然極為重要，而且廣義來說，我們其實個個都是神學家（只不過某些人的「神學」恐怖無比）。然而，當時的我一心只想做「宗教的工作」。但現在我不禁會想：**我退出棒球隊後，還有誰會跟其他隊友暢談耶穌呢？**神給了我打棒球的天賦，讓我有機會進入球員的世界，瞭解他們的特殊文化、習慣，知道該怎麼跟他們溝通，如果我當時待在棒球隊裡，豈不就是現成的傳教士，能讓更多隊友認識耶穌嗎？

剛成為基督徒時，我認為要當好基督徒，就一定要做牧養工作。我覺得基督徒不該只是上上教堂而已，要做神喜悅的人，就一定要當牧師、神父或神學家。當查經小組組長還不夠好、還不夠聖潔，那跟當高中校隊沒什麼兩樣：在校園裡的確威風八面，出外比賽時還可以坐選手席——但你終究只是校隊而已，離職業選手還遠得很。我當時對「好基督徒」的想法就是如此——可是，聖經並不是這樣說的。

彼得（伯多祿）是漁夫。

保羅是做帳篷的。

耶穌是木匠。

有人覺得怪怪的嗎？耶穌不是聖殿祭司，而是木匠，每天的工作就是用木頭做東西。用今天的話來說，他是個朝九晚五的藍領階級。如果他生在今日，搞不好是個雙手長繭、穿件廉價夾克的建築工人，我即使跟他擦身而過，大概也一點都不會注意到他（想到這點，讓我覺得挺恐怖的）。

事實上，在基督宗教剛剛出現的那兩百年，很少人在跟隨耶穌之後換工作（除非他們的工作與聖經相違背，如娼妓、巫師等等）。由於基督徒受到迫害，他們還是得繼續做原來的工作，才能養活一家老小，進而在地下教會裡做事奉、牧養工作。也就是說，如果一名鐵匠受洗成為基督徒，他還是繼續當他的鐵匠，以他鐵匠的身分榮耀上主。

使徒保羅話說得很清楚：「你們無論做什麼，或吃或喝，都要為榮耀上帝而做。」[4]這句話後面沒有加但書說：「不過，這吃和喝都要完全依照基督徒的方式來做，像是聖餐禮或是教會愛餐那樣。」沒有，使徒保羅只說「無論做什麼」，沒有其他標準，也沒有什麼例外。換句話說，判斷自己的所作所為是對是錯的方法很簡單：如果聖經說什麼事是罪，或是你明知做什麼事的目的是榮耀自己而非榮耀神，那就別去做。但在此同時，我們也得老實承認：我們並沒有給神祂所應得的榮耀。

無論神把你放在什麼位置，你都能榮耀祂。如果你是位廚師，不必有罪惡感；如果你父親希望你當牧師，但你只想當畫家，也不必有罪惡感。很多基督徒是因為父母或牧師的壓力，才去當了牧師，但他們都忽略了一件事：無論你在哪裡，都可以傳道。

我要站出來大聲說：單親媽媽們，別再勉強扛起家庭之外的多餘責任，如果妳的孩子還小，更別勉強自己帶領小組、寫讀經心得，或照顧鄰居。光是照顧孩子，妳已經付出夠多時間了，如果他們年紀不大，那你更該如此。妳不必勉強自己服事教會，照顧孩子已是妳的服事！

使徒保羅說基督徒有「傳和好福音的職份」，[5]在我看來，這是相當開放的說法。懷著感恩的心擦拭孩子的嘔吐物，是在敬拜上主；寫篇聖經研究論文讓幾千人看，也是在敬拜上主，而且前者的貢獻並不比後者少。為什麼呢？因為你關愛孩子，便是在教育他耶穌的處世之道，便是將神賜給你的恩典與真理，原封不動地傳承給孩子。這時，你便盡了「傳和好福音的職份」，神也會為你喜悅。服事的重點在於感恩的心，而不是所謂「基督徒該做的事」。只要懷著感恩之心做事，你所做的事便是基督徒該做的事。

無論身在服務業、政治界、音樂界或藝術界，只要耶穌的門徒在社會的各個角落發光發熱，將榮耀歸給上主，並尋求最大的喜樂，基督宗教一定能快速傳布。

你喜歡烹飪嗎？為上主的榮耀而做吧！

你想當司機嗎？為上主的榮耀而做吧！

你很愛寫作嗎？為上主的榮耀而做吧！

只要懷著感恩的心做好自己的工作，讓旁人透過你看見造物主的美善，你便是在敬

4〈哥林多前書〉〈格林多前書〉10章31節。

5〈哥林多後書〉〈格林多後書〉5章18節。

拜上主。聽福音詩歌並不是敬拜，那只是敬拜的輔助品。當我明白心懷感恩地用餐就跟祈禱一樣聖潔時，我覺得更喜樂、也離耶穌更近了。真相就是：神不只要你參加教會服事，還要你時時刻刻敬拜祂。當我們瞭解神的恩典之美不僅在宗教之內，也在「俗事」之中，我們才算開始正確地認識上主。

真正的敬拜

新約聖經寫道，耶穌曾遇到一位結過五次婚的撒馬利亞（撒馬黎雅）婦人。我在第四章有稍稍提過這個故事，現在再來複習一下。

在當時的文化裡，猶太人是不跟撒馬利亞人往來的，而耶穌既然是猶太人，照「理」來講，也不該跟那婦人說話。猶太人覺得撒馬利亞人是雜種、邊緣人，那位撒馬利亞婦人身為女性，身分又更加低微，更何況她還結過五次婚！幸好耶穌沒有參選總統，不然公關人員要是知道他跟撒馬利亞婦人說話，一定嚇到昏倒。耶穌似乎沒把社會規範和旁人觀感放在心上，所以大方地跟那婦人說話，還幽默地要她把丈夫帶來。當那婦人回答她沒有丈夫時，耶穌還說：「這倒也沒錯，現在跟妳混在一起的傢伙不是妳丈夫。」

女人說：「先生，我看出你是一位先知。我們撒馬利亞人的祖先在這山上敬拜上帝，你們猶太人卻說耶路撒冷才是敬拜上帝的地方。」耶穌對她說：「女人，要信我！時刻將到，人不再在這山上或在耶路撒冷敬拜天父。你們撒馬利亞人不知道你們所拜的是誰，我們猶太人知道我們所拜的是誰，因為救恩是從猶太人來的。可是時刻將到，現在就是了，那真正敬拜天父的，要用心靈和真誠敬拜。這樣的敬拜就是天父所要的。上帝是靈，敬拜他的人必須以心靈和真誠敬拜。」6

對於該在哪裡敬拜神，猶太人跟撒馬利亞人意見不一。到底該在耶路撒冷敬拜神，還是依循舊俗在山上敬拜神呢？結果耶穌根本不理會這個問題，只說在他死而復活之後，會發生極為劇烈的改變。敬拜不再是在特定聖地進行的外在行為，只要以心靈與真誠來敬拜，聖潔自在其中。信仰的重心不再是特定建築，而在於靈魂是否深愛耶穌。無論神的子民去向何方，教會也就來到何處。教會不是磚塊與灰泥，而是皮膚與骨骼。

這則故事最美好的地方在於：它明白說出了神要的是什麼。我們不用費心猜測，也

6〈約翰福音〉（若望福音）4章19–24節。

不需要盲目做些自認能讓祂喜悅的事，耶穌直接了當地告訴我們：神要的是以心靈和真誠敬拜祂的人。

「敬拜」一詞是由榮耀與感恩界定的。當我們給什麼東西榮耀時，便是在敬拜、便是在獻祭。我們敬拜的東西有時是性，有時是工作，有時是聲譽，但無論如何，只要我們敬拜的不是神，而是其他東西，就等於讓假神佔據了我們的心。

耶穌死在十字架時，徹底擊碎了這個詛咒，讓神重新回到我們心裡，成為我們生命的真神。記住：適當的敬拜便是**以心靈與真誠度日**。

神擁有全宇宙的一切真理。不管是什麼事物，只要它是真的，它便屬於神。神是一切真理與光明之源，所以只要一個東西是真實的，就必然來自於神。也就是說，只要某個事物是真實的，祂就能從它獲得榮耀。

以「流行音樂之王」麥可．傑克森（Michael Jackson）那首〈鏡中人〉（Man in the Mirror）為例。我自己很喜歡，但我認識的不少基督徒卻覺得連聽都不該聽——既然麥可．傑克森不是基督徒，神當然無法從他的作品中獲得榮耀。

可是我不這樣想。我之所以喜歡這首歌，因為這首歌想傳達的東西是**真實**的：如果你想改變世界，就一定要認清自己，從自己開始改變。他說的沒錯，不是嗎？我覺得聽這首歌便是在敬拜，因為它激起了我對耶穌的孺慕之情，提醒我要更注意自己的罪、而非別人的罪，更鼓勵我走出去、做些改變。

我們不應將神的榮耀拘限於「基督宗教」事物之內。我們虧欠給神的讚美，要比我們想像中還多更多。這件事也讓我們知道，如果這位神甚至能從不愛祂的人寫的歌裡獲得榮耀與讚美，祂是多麼浩瀚、又多麼偉大啊！祂就是這麼偉大，每一件事都能榮耀祂，每一個人最後也都會榮耀祂，這是祂的恩典，也是祂的公義。

再以古典音樂為例。古典音樂常常沒有歌詞，但旋律優美動人，各種樂器的聲音配合得和諧悅耳。聽古典音樂時，我總為各種樂器的聲音驚奇不已，我的心也受到感動，直向真神奔去。這些樂器的聲音如此悅耳，創造樂器的神會有多偉大呢？我們的耳朵能聽到這樣動人的旋律，豈不也是上主的造化之功？每當我的心與靈為這些事物讚美祂時，便是在敬拜他。

在〈使徒行傳〉（宗徒大事錄）中，保羅也引用異教哲學家的話語來證明自己的論點。真理就是真理，無論它出自蠢才之口、哲學家之口，或是使徒之口，都是真理。[7] 如

7 R. Jamieson, A. R. Fausset, and D. Brown, *Commentary Critical and Explanatory on the Whole Bible*, Acts 17:28 (Oak Harbor, WA: Logos Research Systems, 1997).

果我們願意坦誠以對，也會發現**每當自己拒絕非基督徒所說的真理時，其實就是在合理化自己的不順服**。

如果有人對此論點仍感猶疑，就讓我們換個方式來看：既然非基督徒講的道理不能聽，為什麼非基督徒做的其他事就能接受呢？為什麼你不會拒絕非基督徒醫師診療？要是你都要被推進手術房了，還跟外科醫師說：「你是基督徒嗎？不是的話就別碰我！」這會有多荒謬呢？根本是瘋了！判斷一位醫生好不好，要看的當然是他的專業能力，他要不是精通醫術，不然就是能力不足。當你從手術室平安出來、重獲健康時，當然應該榮耀、讚美神，因為是祂賜給這位醫生為祂帶來榮耀的醫術，無論這位醫生是不是基督徒都一樣。

音樂也是一樣。曲子好不好的標準是它真不真誠、是否優美動人，跟它與宗教有沒有關係毫不相干。正如使徒保羅說的：「萬物都出自祂，藉著祂，歸於祂。願榮耀歸於上帝，直到永遠！」[8]

祂所造的一切都在榮耀祂。然而，這代表我該張開雙臂擁抱一切事物嗎？當然不是！已有很多人說過，世間有很多事情並不合於聖經。因此，我們應該時時回歸聖經，以聖經為判斷標準。這件事符合聖經嗎？那件事是聖經贊同的嗎？這樣做能更肖似神透過耶穌揭示的形像嗎？在心中放個濾網，時時篩檢自己的一言一行，行動之前先確定這是否符合神的心意。

耶穌已經把敬拜的重點說得非常清楚了：**心靈與真誠**。適當的敬拜一樣都不能少。我們有些人的問題是：只用心靈敬拜，卻少了真誠；另一些人則是只用真誠敬拜，少了心靈。

只用心靈敬拜、卻少了真誠的人，一眼就可以認出。他們常把「我只在意心靈而非教條」掛在嘴邊，僅依感官而行。什麼事感覺良好，好吃、好聞，他們就覺得那是對的。但事實上，他們只不過是依情緒、欲望而行罷了。

這些人跟保羅在雅典遇上的人一樣。保羅當時走在街上，舉目望去四處都是偶像，心裡非常難過。[9] 城裡的確到處都在敬拜，問題是敬拜的方式不對。保羅大聲說出這些偶像虛幻不實，鏗鏘有力地指出這些和性、金錢、權力有關的「神」，根本無法帶來拯救。它們是人所造的，不可能倒過來幫助到人。請仔細想想：妳的男友可以減去妳的一切負擔嗎？有什麼人或什麼東西死了之後，能讓你成為一個全新的人呢？偶像總是言過其

8〈羅馬書〉11章36節。
9〈使徒行傳〉（宗徒大事錄）17章16節。

實，什麼忙都幫不上。

另一種人也很好辨認。那些以真誠敬拜、卻缺乏心靈的人，書架上常常擺著十九本聖經——但全積了厚厚一層灰。他們隨口就能背出十誡，卻很少依十誡而活；滿腦子都是律法，但欠缺溫厚、愛與同情；他們也往往態度強硬，毫無改變空間。他們依字面來理解、遵循律法，卻忘了聖經上說心靈才是律法的核心。10

結合心靈與真誠的敬拜，才是美好的敬拜。真誠與心靈一旦結合，能令人振奮、活潑、有生氣，感覺煥然一新，感恩之火也自然從心中迸出。這才是真正的敬拜。

最大的謊言

神關懷我們生命中的每個領域，無論是政治、科學、食物、藝術或音樂都屬於祂——也就是說，祂想全要回來，祂想獲得榮耀，祂也想讓這一切都獲得拯救。祂先拯救了我們，好讓我們延續祂的拯救，救贖其他領域。我們受造的目的是為了耕耘，而非整日空談宗教教理。耶穌清楚地說他來是要建立他的國度，「國度」代表的不只是一群「人」而已，而是一整套生活方式，當然也包括所有事物。

耶穌來到世間的目的，並不只是拯救人類，也是要拯救我們所屬的整個受造世界。他要作的是「恢復」（restoration），要是我們不解其意，自然會選擇逃避，而非恢復。我們會在教堂裡擠成一團，把它當成神聖的防空洞，卻不昂首闊步向外走，將墮落的領域奪回手中。我們受造的目的是感染、滲入文化，恢復屬於神的東西，將它們重新歸給上主。

音樂是神的嗎？**沒錯**。

性也是神的嗎？**沒錯**。

那藝術呢？也是神的嗎？**當然**，祂可是最高的創作者呢！

我們應該在文化中活出不同的榜樣，而非自顧自地創造自己的次文化。

美式基督宗教次文化的問題在於：由於我們欠缺比較，榮耀耶穌的藝術也隨之弱化。舉例來說，很多基督徒音樂家只追求要當最好的基督徒音樂家，而不再追求要當最好的音樂家，講白一點就是：他們自我設限，把標準降低了。事實上，藝術有它自己的意義，

10〈約翰福音〉4章24節。

它要反映的是「創造」的工作，而非「救贖」的工作。比起一心只想創作「基督宗教音樂」，我們該做的是以基督徒的世界觀來創作音樂，就像無神論者、穆斯林和其他音樂家創作音樂的態度一樣。音樂本身並沒有「基督宗教」、「非基督宗教」之別，只有創作音樂的整體世界觀。

要是我們自我設限，將我們的藝術侷限於宗教的範圍內，教會將會漸漸變質，不再能自然地運用自己的恩賜，反映出上主是誰、是何樣貌。這樣的結果便是模仿當前文化，一味跟風，追著世俗文化狂奔，吸著它們的灰塵，還妄想能回收利用。

這樣的後果是：由於我們只是不斷抄襲、而非創新，所以永遠落後文化十到十五年。眼前可見的事實之一，就是那些所謂的「宗教」服飾、咖啡杯，其實都只是在模仿世俗的商標或設計。比方說有些印著「聖靈」（Holy Spirit）的衣服，就完全抄襲「雪碧」（Sprite）商標的字型與設計；還有一個「餅屑與魚」（A bread crumb and a fish）的品牌，則明顯模仿服飾品牌 Abercrombie & Fitch。

有人說這叫「拯救」，但我想這其實就是「盜版」吧？

不好的藝術就是不好，沒什麼好開脫的，要是基督徒做出了這種「藝術」，責任還大上更多。為什麼呢？因為基督徒受呼召要反映神的樣貌，所以我們的一言一行都應該要讓人更瞭解神的樣子。我們身為基督徒的工作，就是要緊緊跟著耶穌，讓我們身邊的人自然感受到他。你有這樣度日嗎？有這樣工作嗎？從事休閒活動時也一以貫之嗎？

不好的藝術和創造基督宗教次文化的另一個問題是：這無異於說了一個關於神的漫天大謊。因為我們疏懶，所以就抄襲人家的東西當成「基督宗教」的，這根本是在犯罪。因為這等於是說上帝需要文化的創意、只是個文化仿冒者。但既然神是造物主，與祂有關係的人不是更該有創造力嗎？從這個角度回頭來看：在創作藝術、深耕文化時，我們該給人什麼訊息，讓他們知道神的樣貌呢？

事實上，神是完美的，什麼事祂都能做好，也都能預先做到最好。祂盡情揮灑，好讓祂的名得榮耀。我們創作藝術、參與政治、享用食物之時，是否有反映出祂的形像呢？無奈的是，很多時候祂希望我們放手去做，可是我們卻步不前。

當耶穌要彼得建立教會時，他說：「陰間的門決不能戰勝她。」[11]這句話最奇妙的地方在於：門根本不會自己移動，更不用說能「戰勝」什麼東西，所以，這個門顯然是防禦工事，是外頭有某個東西在攻擊它。因此，耶穌要說的其實是：教會將撼動陰間的

11〈馬太福音〉（瑪竇福音）16章18節。

門，而非陰間來侵略教會。所以，是我們要去奪回黑暗控制的地方，而且不管它們防禦的力量有多強大，還是必敗無疑。即使陰間的權勢藉著靡靡之音和邪惡電影攻擊我們，耶穌也不叫我們撤退、逃避、龜縮。不，他反而要我們以他的恩典，去影響、滲透生命中的每個領域。

聖與俗之間並無分別，要是我們堅持要加以區隔，等於完全曲解了敬拜的意義。萬物都是神所造的，所以也沒必要特別變成「基督宗教」的。我們評判事物的標準應該是美、是真。神擁有真理，也唯有祂獨獨佔有真理。身為基督徒的我們，更應該為藝術、文化立下典範。

構築新城

當我知道不上神學院也能當個好基督徒之後，我頓時感到天寬地闊。實情是：我的希臘文和希伯來文學得一點也不好，我也學得意興闌珊。所以我還能做什麼呢？嗯，我喜歡寫作、說話、寫部落格、跟朋友拍一小段影片放到 Youtube——總之，我喜歡創作。於是，我將創作當作敬拜造物主的方式。

我們都被呼召要當基督的特使，[12]你怎麼看待這件事呢？要當特使，就要與所在地區的文化、人民打成一片，讓他們知道，耶穌和他的恩典如何以特殊的方式出現在他們的生活之中。你真正想做的是什麼呢？藝術家？廚師？還是想當舞蹈家？

〈詩篇〉（聖詠）寫道：「要向上主尋求喜樂；他一定成全你的心願。」[13]我覺得「神會成全人的心願」就跟恩典一樣令人感到羞愧。

論及〈約翰一書〉（若望一書）四章十四節時，神學家奧古斯丁寫道：「去愛，然後依你所願而行。」[14]我讀到時覺得簡直不可思議：**依我所願而行？這也太可怕了吧！**但事實上：如果我們為神而活，我們的心願其實也就是神的心願。該不斷追問的不是：「我是否合神心意？」而是更困難的：「我是否有向上主尋求喜樂？」如果你對第一個問題的回答是「是」，那麼你對第二個問題的回答也一定是「是」。知名聖經教師約翰・麥克阿瑟（John MacArthur）要我們問自己幾個問題：

12〈哥林多後書〉5章20節。

13〈詩篇〉（聖詠）37章4節。

14 *The Works of Saint Augustine: A Translation for the 21st Century*, trans. Augustinian Heritage Institute, *Homilies on the First Epistle of John*, vol. 14 (New York: New City, 2008), 110.

1. 你被拯救了嗎？
2. 你聖靈充滿嗎？**你每時每刻都活在祂的臨在之中嗎？**
3. 你聖潔嗎？**你跟隨祂嗎？**
4. 你順服嗎？**你什麼也不強求嗎？**
5. 你感恩嗎？

神的旨意很清楚：如果所有的問題你都說「是」，那麼，你真的可以依自己所願而行。[15]為什麼呢？因為，如果神已讓你題題答「是」，就代表是祂給了你心願，你的心願其實也是祂的心願，不需要鬼魂顯靈來告訴你該做什麼，更不需要燃香、點蠟燭。只要你和耶穌在一起，你便能從心所願自由行事。

不過，只要其中一個問題的答案是否定的，那你的心願就可能和神的並不一致，最好謹慎三思。

什麼事讓你躍躍欲試？你想做什麼？做它的時候，請記得感謝上主，那便是真實的敬拜。如果在這個前提下，我們都依自己的心願而行，文化的每個角落都將受到影響。神呼召我們創造、耕耘每個領域。

〈創世紀〉起於樂園，〈啟示錄〉（默示錄）則終於城市。我覺得這點很有意思，因為不經過創造、耕耘，園子不可能一步跳到城市，這段過程是我們要去完成的。神並沒有叫我們遁入山林，成天讀《末日迷蹤》，彈著豎琴坐等天國降臨。不！神要我們救贖整個世界，救贖世上的每個事物，並不只是關心屬靈問題就好。耶穌是萬物之主，而且無時無刻都是主，不僅禮拜天是主，週一到週六也是主。

你曾望著城市的天際線，生起讚嘆之情嗎？我去過曼哈頓幾次，每次去，都覺得那裡的高樓大廈、基礎建設令人震懾。每當我走過帝國大廈、經過華爾街，或穿過時代廣場，我總不禁會想：如果連墮落、敗壞的人，都能造出這樣的作品，那麼愛耶穌、也與他的榮耀同在的人，又能造出多美妙的東西呢？**如果在我們千瘡百孔之時，還能造出這樣的工程，等我們完全被神恢復之後，又能造出多偉大的東西呢？**

我們一定要在任何事上，都將自己視為基督的使者。請想想看，如果神任命你為祂的特使，你該為祂在文化的哪個層面發光呢？我最喜歡舉的例子之一，是基督教嘻哈歌手雷克瑞（Lecrae）。很多跟我年紀相仿的人都聽過他的音樂，他是個狂野的嘻哈歌手，

15 John MacArthur, “Delight Yourself in the Lord (and Do Whatever You Want!),” Grace to You, December 21, 2010, http://www.gty.org/blog/B101221 (accessed January 31, 2013).

但他的一舉一動也都經過深思熟慮，無論是歌曲也好、訪問也好、歌詞也好，他都謹慎以對。他把自己當成都市傳教士，以特殊的方式進行他的事工，希望藉著他的工作，讓基督宗教的世界觀也在主流文化中佔有一席之地。不論做什麼事，他都依此原則而行，不為名、不求利，只希望能拋磚引玉，讓更多人加入他的行列。

芝加哥發生槍擊案時，媒體想採訪嘻哈歌手的看法，雷克瑞主動表示願意；有人說有些嘻哈歌曲歧視女性，雷克瑞也出來發言。他做這些事的目的，無非是讓鮮少報導基督福音的媒體，可以聽聽耶穌追隨者的聲音。但若不是他在專業領域投入那麼多心力，他也不會有曝光的機會，不可能進行他的「傳教事工」。

聽了雷克瑞的例子之後，你有什麼想法呢？你覺得神將你放在現在的位子，是要指派什麼任務給你呢？

神給你的任務或許並不複雜，只是要你在功課、烹飪、打工這些看來「世俗」的事情上努力，讓這些事也能榮耀祂而已。如果我們好好把這些事做好，神一定滿心歡喜。

也可能神的心願就是你的心願——盡力把你藝術、繪畫、寫作的天賦發揮得淋漓盡致。如果你創作出令人驚豔的作品，神也會因為我們而喜樂。

最棒的部分是：我們創造的一切，並不會轉眼成空。有些東西會消逝，是因為創造它們的人意圖、心地不正，但為神而做的工絕不消逝，它們將被上帝之城恢復、拯救。神建造了教會，也將構築新城，唯一的問題是：我們是否願意進去？

問題討論

1. 為什麼關心世界即是愛神？你能付諸哪些實際行動？
2. 為什麼我們很難在他人身上看到神的形像，並以尊重之心相待？
3. 你會把事物分成「聖」與「俗」嗎？理由何在？
4. 在日常生活事物中（如食物、音樂），為什麼我們常會忘了要榮耀神？
5. 以你當前的狀況，你能如何榮耀上主呢？
6. 所有的真理皆為神的真理。假如真理在意料之外的地方出現，你還願意接受這句話嗎？理由何在？
7. 藝術與音樂中的基督宗教次文化，可以如何獲得拯救？

第十章

為什麼耶穌愛教會（你也應該愛）

Why Jesus Loves the Church (and You Should Too)

在寫到這裡的時候，我已經結婚四個多月了。大喜之日那天，我深深感到那是我一生中最快樂的一天。我和我的夢中情人結婚了！還有什麼事比這更好嗎？

結婚典禮前那個禮拜我一直在想：看到教堂的門緩緩打開，她從地毯那端向我走來，我要是忍不住掉淚該怎麼辦？事實上，我有幾次參加別人婚禮真的流下淚來，結果輪到我當新郎那天，果然故事重演。我能說什麼呢？我就是個很容易感動的人。

在婚禮前那段忙亂的日子，我腦子裡成天都是婚禮的細節——誓詞怎麼寫、儀式怎麼進行、該請哪些人幫忙接待等等。興奮、期待等種種心情，全部交織在一起。

結婚就是這麼迷人，而我們和耶穌的關係，用結婚來形容再好不過，畢竟耶穌說教會是他的新娘呢！

我在婚禮當天的感受，絕對遠遠不及耶穌對他新娘的愛，相較之下只是幻影。我這麼說，能讓你想像耶穌和教會結婚時的情景嗎？

所有眼淚，
所有爭執，

所有歡樂，
全都在那一刻攀上顛峰。
相戀、求婚、互許終身，終於開花結果。
突然，四周陷入黑暗，
只見那門緩緩敞開，樂聲悠揚，
耶穌就站在紅毯的那端，等著我們走向他，一身白衣，完美無瑕。

這是婚禮最美的一刻。然而，你在婚禮中所受的一切感動，都只是反映某個更深的感動。與信耶穌的人將領受的相較之下，你所見的喜悅與美麗都如霧般虛幻。每場婚禮中，耶穌總會輕輕拉開永恆之幕，低聲說道：「看啊！這就是我與你的未來！」

教會不只是餅乾加葡萄汁

我現在很能欣賞教會之美，但幾年以前，我對教會的看法可不是如此。當時我和我媽常去教會，但我並不覺得自己是教會裡的「好孩子」。我乖寶寶貼紙拿得不夠多，也覺得教會對小孩來說很無聊。聖餐對我來說不過是一塊餅乾和一小口葡萄汁，沒什麼大不了的。上高中後，我偶爾還會為了追女生上上教堂，後來就根本不去了。我當時覺得教會很落伍、封閉，在裡面得不到歸屬感，所以沒什麼好去了。

直到我明白教會的意義何在，我才對信仰裡的弟兄姊妹生起更深的愛。「教會」的希臘文是ekklesia，意思是「受召叫之人」。[1]我喜歡這個定義，因為它跟建築物完全無關。在美國，提到「教會」，大家只會想到頂上裝了十字架的屋子，但在新約時代，「教會」指的是一群與耶穌同在的人，他們將無盡的恩典賜給每一個人。

也就是說，依照這個定義，禮拜天敬拜完畢，信耶穌的人離開「教會」之時，教會也跟著離開了那裡。

教會不是建築物，而是人。

教會不是無生命的空間，而是活生生的有機體。

我漸漸發現這點之後，剛開始還是有些遲疑。因為我開始跟隨耶穌後所去的第一間教會，並沒有讓我獲得歸屬感。我常去教會，但並不覺得自己是那個「大家庭」裡的一分子，充其量只是那間教會的統計數字。此外，因為我跟其他人好像不太一樣，所以也一直覺得不太自在。牧師每個禮拜都會請某人上台「作見證」（也就是「談談自己的故事」的基督教用語），他們很自然地上台分享，但說的故事通常千篇一律：「嗨，我叫約翰。我曾經酗酒、沉迷色情四十年，好在耶穌拯救了我，從此之後我再也沒沾過一滴酒。為了豐富生命，我現在廿四小時都聽敬拜、讚美詩歌，為萬邦代禱。」

我在台下心想：「代禱」是什麼意思啊？

我每個禮拜都聽大家說這類故事，但每次聽都越聽越不專心，心想自己到底出了什麼問題：奇怪，同樣是基督徒，為什麼我還在跟色欲奮戰？還會想做一些我明知不該做的事？**如果我無法作這樣的見證，是不是說我還沒獲得拯救？我有什麼地方做錯了嗎？**

這些問題在我腦子裡盤旋不去，也讓我越來越想隱藏自己。教會裡的氣氛讓我覺得無法坦誠，我不敢讓人知道自己真實的樣貌，也覺得一切缺點如芒刺在背。後來我幾乎不去教會了，因為教會似乎不適合我，好像我一進教會，就得變成另一個人。

但也在那時，我體驗到教會真實的樣貌。我當時重新跟我一位高中老師聯絡，以

[1] A. C. Myers, *The Eerdmans Bible Dictionary* (Grand Rapids, MI: Eerdmans, 1987), 215.

前上他課時，我知道他是基督徒，所以我開始追隨耶穌之後，馬上想到可以找他談談。他曾拿下全美大學體育協會摔跤冠軍，是我認識的人裡最有男子氣概的人之一。他的二頭肌大概跟我腦袋一般大，即使高中生多的是目空一切的小子，他在學校裡還是廣受尊敬。我高中時相當敬佩他，無論是職業道德、氣概或自我要求，他都是我想效法的對象。

第一次與他再聚時，我覺得有些膽怯。但在此同時，耶穌也不斷叫我坦誠，別再偽裝自己。於是我對他說了我的一切掙扎、羞愧、缺陷與罪惡感，我覺得整個人破碎了，但也頓時覺得清爽很多。

不過，講完之後的那幾秒鐘真是難熬，因為你完全不知道對方會怎麼回應。一旦卸下心防、拿下面具，便也同時承擔了遭受拒絕的風險。而且如果在這個時候遭到排斥，人家排斥的可不是你那虛假的外殼，而是你真實、脆弱的自我。

但那時，我的前生物老師靜靜地凝視著我，開口告訴我他也有過同樣的掙扎，在人生的某些階段，他也曾有過和我一模一樣的困難，但也是在那些時刻，他經驗了上主的恩典。跟我說這些事時，他毫不遲疑、毫無保留，彷彿他很習慣對人敞開心扉，將自己暴露在別人的目光下。

我記得一開始我很驚訝，心裡不斷地想：「你不該跟我說這些！你可是條鐵錚錚的基督徒漢子啊！你是我們的英雄，不能露出脆弱的一面！」但也是在那時，我第一次看到了教會真正的樣子。這一路上，神用我老師和許多人的故事讓我知道：教會不是要人努力行善、力求表現的地方，而是讓人放下偽裝、揭露真我的地方。

教會是讓人坦承脆弱的地方。
教會是讓人拿下面具的地方。
教會是讓你做自己的地方。

那樣的教會，不是一座「好人好事博物館」，而是一所收容破碎之人的醫院。耶穌建立教會的目的，並不是要炫耀他出色的員工，而是要醫治他受傷的兒女。

耶穌的身體

你最親的人是誰？是你的配偶？朋友？兄弟姊妹？父母？還是另有其人？請回想一下你第一次認識他的時刻，想一下你們的關係是怎麼開始的。你怎麼和這個人漸漸熟悉？有沒有定期和他見面？有沒有坐下來好好聊過？你們的生命是怎麼產生連結的？又是從哪一刻開始，你覺得自己真正瞭解了這個人呢？

我記得和艾莉莎熟識的整個過程。我們不是一見鍾情那種型的，而是經過許多小事越來越親：營火晚會、相約吃飯、一起去教堂、講電話等等。每次她跟我說起自己的事，我都不會左耳進右耳出，反而會繼續問她、想知道更多她的事。直到今天，我還是不斷地在認識她。

但想像一下：假如我剛認識艾莉莎時，只注意她的某個特定面向，我倆的關係會變得如何？她會覺得我想瞭解她嗎？請再想像一下：假如我剛認識艾莉莎的時候，只注意她的……嗯，腳趾頭好了，那多奇怪呢？如果我想好好認識艾莉莎，卻只是盯著她腳趾頭看，跟她腳趾頭說話，聽她腳趾頭怎麼「說」，你覺得我會成功嗎？

我先聲明：如果你看到我真的這樣做，別客氣，叫警察吧。再來想想剛剛的問題：你覺得我這樣做，能讓我瞭解艾莉莎嗎？當然不可能。

請看使徒保羅（保祿）告訴哥林多（格林多）教會的話：

> 身體不是只有一個肢體，而是由許多肢體構成的。如果腳說：「我不是手，所以不

屬於身體」，它不能因此就不是身體的一部分。如果耳朵說：「我不是眼睛，所以不屬於身體」，它也不能因此就不是身體的一部分。如果全身是眼睛，怎麼能聽呢？如果全身是耳朵，怎麼能嗅呢？然而，上帝按照自己的旨意把那些不同的肢體都安置在人的身體上。如果全身體只有一個肢體，怎麼能算是身體呢？其實，肢體有許多，身體卻只是一個。2

保羅說得很清楚：成為基督徒後，我們都成了耶穌身體的一部分。耶穌將我們帶在身上，他給教會的任務，就是要教會成為他的身體。我們代表的不是自己，而是耶穌。也就是說：雖然有些人聲稱基督宗教是個人主義的，但基督宗教絕非如此。雖然基督信仰很重視個人，但絕不封閉於自我。在信靠耶穌之後，我們等於進入了一個更大的個體。

如果教會是耶穌的身體，那麼要認識耶穌，當然要認識教會。不過，假如我們想好好認識耶穌，卻只盯著某個人、或基督身體的某個部分，那不就跟我盯著艾莉莎的腳趾來瞭解她一樣荒謬嗎？坦白說，要是我們只盯著耶穌的腳趾看，很可能誤以為他是個不

2〈哥林多前書〉12章14–20節。

怎麼樣的人，因為腳趾骯髒粗糙——把每個人個別檢視，哪個人不是千瘡百孔的呢？可是，當人人融為一體之時，耶穌的整體樣貌也就漸漸浮現出來了。

每個肢體各有功能，
每個肢體各有恩賜，
每個肢體各有使命。

所以，我們不能說「我愛耶穌，但不愛教會」，因為那就像砍了某個人的身軀，再說你只喜歡他的頭部一樣。這很詭異、也很粗糙。如果你愛某人、想好好瞭解他，你當然要認識他**一整個人**。

死盯著基督身體的大腿、手臂或某塊肌肉，只會讓你扭曲神的樣貌、誤解祂的作為。但若你讓眼光更開闊些，甚至成為這幅圖像的一部分，你將看見真正的耶穌。

我的嗜好之一是看人。我常把自己當作社會學家，靜靜地觀察、研究人。去某些教會時，我覺得那裡更像閒人勿近的貴賓室，而非結合不同國籍、語言、種族、年齡的人的地方。讓我有些難過的是，連車子、郵局、機場都有很多變化，但受神囑咐要向萬邦傳福音的教會，卻常常自我封閉、排斥不一樣的人。

好在我也有幸能見到教會最好的面向，只要你見過這些面向，你一定會相信教會其實很美。舉例來說，我曾見過一位七十五歲、衣著光鮮的老生意人，和另一位穿著垮褲、倒戴帽子的十六歲年輕人，並肩向耶穌大聲齊唱讚美詩，那畫面真是美極了。

他們都敬拜耶穌，
他們都是教會的一部分，
他們都在榮耀上主。

這才是教會該有的樣貌。不同的人因為對耶穌的愛而到了同樣的地方，那個地方就是「教會」。對耶穌的愛是組成教會的唯一標準，與職業、社經地位、種族通通無關。當一群人因為愛耶穌而相聚時，你一定能認識何謂「教會」。

如果你教會裡每個人的談吐、行為、衣著都跟你一樣，那你可能得注意了：你們在敬拜的或許不是耶穌，而是你們自己。你想想看：要是一大堆手從身體分離出來，集中到某個地方去，那不是很詭異嗎？只有電影「阿達一族」（The Addams Family）會有這種場景！同樣地，要是我們自稱「教會」，但彼此之間都跟雙胞胎一樣，那也是很詭異的事。那不叫教會，而應該叫俱樂部才對。

去教會的動機不該是喜歡那裡的詩歌、講員或好咖啡，而該是對耶穌共同的愛。耶穌才該是我們聚在一起的原因，更重要的是：耶穌才該是我們共同仿效的榜樣。是耶穌讓我們成為一家人。凝聚教會的若不是對耶穌的愛，而是其他東西，那這個「教會」遲早會散，因為那些東西終將消逝。

給人力量的地方

對我來說，教會最棒的地方是：神把賜予恩典、醫治受傷之人的工作，獨獨交給了教會。也就是說：教會是座避風港。

我有幾次幾乎被罪惡感與羞愧吞噬，覺得自己再也活不下去了。但也是在這些時候，教會成了給我力量的地方，好似風雨中的大樹一樣。暴風雨來臨時，假如只有一棵樹孤伶伶地在那裡，它可能被吹倒、連根拔起；但若有片森林，幾千棵樹全都站在一起，它們便能一起擋風、一同分擔暴風的威力。這就是教會應有的樣子——彼此分擔、彼此代禱，也向彼此告罪。

如果我們能從這個角度來看教會，對於它的失敗也會有不同的看法。不少人喜歡遠遠待在教會外面，訕笑教會裡全是偽君子，把他們犯的罪全歸在教會頭上。但你若願意捲起袖子解決問題，一定會發現自己其實也是問題的一部分。為什麼呢？因為開始追隨耶穌之後，我們便成了耶穌新娘的一部分，所以當他的身體——教會——出問題時，我們這些「肢體」也要同擔療癒之責。

如果一個人的手受傷了，他的腳卻開始指責手，這有多愚蠢呢？同樣地，如果教會出了問題，我們這些基督徒不動手幫忙，卻忙著批評教會，那也跟腳去批評手一樣荒謬。身體的一部分受傷了，其他部分應該幫忙治好它，而不是指責它。

這就是愛。

這就是福音。

這就是耶穌。

批評者與僕人的不同之處，在於面對問題的方式：批評者喜歡指指點點道是非，但離問題遠遠的；僕人則是二話不說捲起袖子，趕著去幫忙**解決問題**。問題發生時，最糟的情況是連自家人都只做批評，袖手旁觀。很多基督徒就是這樣，他們熱中於彼此攻擊，卻不願用愛來相互扶持，更令人擔心的是，我們常常對自己造成的傷害一無所覺。

基督的身體分裂時，流血的是誰呢？耶穌。

當基督徒彼此攻訐時，是耶穌的名聲蒙塵、尊嚴掃地。你想想看，要是手臂將自己從身體撕開，那會多痛、多危險，又會流多少血啊！基督徒彼此攻擊時，造成的傷害就是這麼嚴重。

名符其實的教會有家庭的溫馨，也是能讓人有安全感的地方，裡面的人彼此療傷、分擔憂愁，那是個給人力量的地方。

社會中的教會

我是在美國西北部長大的。我在西雅圖附近出生、成長，後來則是到波特蘭附近讀書。那裡很多人都對教會感到幻滅，有些人甚至是為了躲避宗教氛圍，才搬到那裡去的。

西北部的人大多都聽人講過耶穌，卻不認識耶穌真正的樣貌。當然，向人宣講耶穌絕對是必要的，但我認為這樣還不夠。我認為在宣講之外，有時也該付諸行動，讓人見到恩典的大能，好搭起橋樑、拉倒高牆。

二〇〇八年金融海嘯時，美國許多大都市都陷入危機，波特蘭亦未能倖免。無論在經濟、教育或社會上，人人都遭遇空前的挑戰。當地有幾間大教堂注意到了（其中包括上主肖像堂〔Imago Dei〕與磐石堂〔Solid Rock〕），覺得應該為社會出一份力，於是他們討論之後，一起去見已出櫃的同志市長山姆．亞當斯（Sam Adams）。亞當斯剛開始有點疑慮：「這是要乘機傳教嗎？波特蘭這種自由派城市能接受嗎？」但教會領袖向他保證：這次行動與傳教無關，只是想為這個城市出一份力而已。

我不禁想起耶利米（耶肋米亞）先知對以色列說的話：「你們要為那些我放逐你們去的城市謀福利，為它們的繁榮向我祈求；他們繁榮，你們才能繁榮。」[3]這聽來有點瘋狂，不是嗎？神懲罰以色列人，把他們放逐到各個城市，還要他們為「放逐地」謀福利？還要他們為這些城市祈求？看來神關心的事情，遠比我們關心的還多。

3〈耶利米書〉（耶肋米亞）29章7節。

回頭來說波特蘭的事。各教會同意只單純幫忙，不傳教、也不講道，而且說到做到。在今日文化中，我們必須發揮創意，既滿足人們的需求，也向他們分享耶穌。服務人群和傳福音並不相悖，社會公義和宣揚福音並不衝突。耶穌要我們兩個都做，所以就動手吧！

波特蘭市長最後帶著疑慮點頭同意，答應讓教會參與社會服務。教會領袖們馬上開口問道：波特蘭現在最需要解決的是哪些問題呢？市長說了一長串，包括飢餓、無家可歸、環境、教育等等。教會接下來做了什麼呢？他們馬上捲起袖子加入戰局，投入兩萬六千名志工協助處理各個主要問題。他們四處建立服務站，一同向人們展現耶穌的同情、慈愛與拯救。教會將此視為美好的機會，讓他們能實踐自古以來傳承的使命——作基督的肢體。看到教會這些行動之後，想必有不少非基督徒也受到觸動。

肯恩．威格（Ken Weigel）是上主肖像堂的會友，二〇〇八年時也參與了波特蘭眾教會的行動。關於教會當時的動機，他說得很好：「我們希望能為這座城市帶來祝福。我們希望完成任務離開之後，這座城市會想念教會。」

你認同這句話嗎？你的教會、城市也認同這句話嗎？

假如有顆隕石毀了你的教會，當地人會在意嗎？假設他們在意，是因為他們喜歡、感謝這間教會，所以也跟著遺憾它遭到破壞嗎？在眾人面前，我們必須嚴以律己，不斷質問自己是否有做耶穌在做的工作。被問到波特蘭教會的行動該歸功於誰時，肯恩・威格說：「當然是耶穌。在我們採取行動之前，耶穌早就到了。是基督在波特蘭展現了祂的國度，我只是跟隨祂的腳步而已。」[4]

正是在這樣的時刻，教會美麗無比。

碎片構成美麗的圖像

在新約時代，教會這個團體是極具顛覆性的：

社會上富人與窮人少有交集，但教會裡人人齊心一志；

社會上外邦人和猶太人不相往來，但教會裡人人彼此關懷；

社會上男人、女人並不平等，但教會裡人人平等。

4 Presentation, Q Conference, Portland, Oregon, April 2011.

這就是耶穌建立的教會，如果我們真心信靠他，就也會成為這個教會的一分子。我們將在耶穌裡成為一體，種族、社會、政治、經濟等一切藩籬，都將倒下。

這才是教會應有的樣貌。我知道現在的教會並不完美，但請別讓你對教會的壞印象影響你，不要遠離教會，拒絕它的醫治。也請再給教會一次機會，不要排斥耶穌。戴著十字架項鍊不代表一個人是基督徒，頂上裝著十字架也不代表一間屋子是教會。這些人、這些事未必等於教會，但當你見到真的教會時，一定會明白教會的真義：教會是一批從世界中召喚出來的人，被重新派往世界，肩負起讓世界和解的任務。

在內心最深之處，我們其實都有強烈、但單純的願望：

想被瞭解。

想被接納。

想被愛。

這個願望不斷召喚我們、吸引我們、對著我們低語，它也指點了我們該去何方。走向耶穌吧！成為他身體的一部分。不在群體中生活，就像不靠氧氣維生一樣，我們天生就非如此。我自己的切身經驗是：世上最自由的時刻，就是與完全接納自己的人相聚之時。

不必戴著面具。
不必有任何偽裝。
不必特別做些什麼。

大家都帶著擔子來。
大家一起尋找自己的路。
大家身上也都是創傷，有稜有角。

馬賽克鑲嵌畫是用破碎、骯髒、有稜有角的玻璃拼成的，同樣地，教會也是由破碎、骯髒、有稜有角的人組成的。但只要你放寬視野，看到整幅圖像，就會發現它好美好美。破碎的人聚在一起時，也將構成一幅優美的圖像。

問題討論

1. 把教會想像成活生生的有機體，而非無生命的建築，會改變你對教會的認知嗎？會的話，為什麼？不會的話，又為什麼？
2. 基督徒能如何創造出一個環境，讓大家更真誠、更坦白？
3. 追隨耶穌之後，我們便進入了一個更大的個體：基督的身體——教會。知道這點之後，能讓你的信仰更堅固，或更能融入這個多元的團體嗎？請談談你的想法。
4. 你曾把教會當成醫治創傷之處嗎？請談談你的經驗。
5. 請談談你心目中最好的教會是什麼樣子？在那裡的是什麼樣的人？你又會如何服事他人？
6. 你能如何深化你與耶穌的關係，追隨福音書裡的那位耶穌，而非那些所謂「宗教人士」宣傳的耶穌？

結語

你認識耶穌嗎？

Do You Know

Jesus?

這本書的寫作過程十分不可思議，也是我有生以來最龐大的一份工作。有時候能一口氣寫好多，有時候則只能呆望著我的十三吋蘋果電腦，一個字都打不下去。不過，能藉此重新反省自己的信仰，一切辛苦都值得。寫這本書讓我的心靈再次獲得成長，我也衷心希望至少有一位讀者能從中受惠。

寫作過程中，我時常感到壓力、感到自己能力不足。幾次寫到凌晨、咖啡效力開始消退，我都會想：「我真的在寫書嗎？要是沒人看怎麼辦？」在那些時刻，我總會提醒自己莫忘初衷：我要用盡全力跟更多、更多的人談耶穌。如果我笨拙的文筆能讓某人更靠近耶穌一些，全部的努力都值得了。

但願有人看了之後，能再給耶穌一次機會。

但願有人看了之後，能多認識耶穌一點點。

但願有人看了之後，能重新思考自己的世界觀。

這始終是我的心願。

看著這份終於完成的書稿，我不禁想起為它花了多少時間、精力，又喝了多少咖啡。我衷心希望你能聽見耶穌在你靈魂深處低語，發現他比你所能想像的一切都更加美好。如果以後你發現有人在思考這本書裡提過的問題，我也希望你能將這本書交給他。

如果你看了這本書，卻感到手足無措、不知如何是好，請別擔心，不是只有你如此。耶穌剛開始邀我跟隨他時，我也一樣手足無措。所以，請放輕鬆就好，不用預想太多，只要走向他就夠了。也許你會想：**可是，我現在沒有任何東西可以給耶穌啊！**我要說的是：這樣就對了！正因如此他才要找你。他只要你依靠他，他只要你。你不必先洗淨自己再去找耶穌，只要靠近耶穌，他就會洗淨你。

我不知道你現在有什麼煩惱，也許是挑戰、折磨，也許是受傷、頭痛，但我能告訴你的是：無論你的煩惱是什麼，沒有任何事是神幫不了你的。祂的恩典能克服一切，也能讓你的心煥然一新。我也曾感到深陷泥沼、無法自拔，覺得被神遺棄、離祂好遠好遠，但後來想想，那些時刻祂其實最靠近我。

現在，祂也在你身邊。

我不久前聽過一個故事：有幾個朋友相約去河邊戲水，當時是早春時節，河冰剛融，暗流很多，游泳其實相當危險。但有個人還是跳進水裡去了，他馬上被水流帶走，沖到危險水域。同行友人之中正好有一位是救生員，其他人都盯著他看，等著他下水相救。但令人意外的是：他繼續站在岸邊，動也不動，只一直盯著溺水的那個朋友看。其他人開始慌了，對著他大吼，叫他趕快下水救人，可是他依舊沒有動作。其他人驚慌地看著水面，眼睜睜地看著那個朋友不斷掙扎，即將滅頂。突然，那個朋友再也沒力氣了，開始往河裡沉。這時，那位救生員才馬上躍入水中，游了幾下就搆到那個朋友，把他帶上岸來。

大家好不容易鎮定下來之後，開始怒罵那位救生員：「你是在幹什麼！為什麼不馬上下去救人？他差點淹死了！」

但那位救生員平靜地看著大家，說：「我得等他放棄掙扎才能下水，不然反而誤事。要是他還在掙扎我就游過去，我會被他拉住、施展不開，結果就是兩個人都溺水。所以我得等他放棄掙扎，才能下水救他。」

耶穌也是一樣。他要我們放棄、別再掙扎，然後他會來到我們身邊、救起我們。遭急流滅頂之時，我們似乎毫無生還希望，但也是在這時，他的恩典會撈起我們，讓我們起死回生。而由於那時我們已全然放棄，所以也會確切知道：自己能獲得拯救，完全是因為他。

你願意放棄掙扎嗎？我不知道你現在人在何處、或來自何方，但我知道耶穌對你的人生有美好的計畫，而且一定比你設想的更好。讓他做你生命的主宰，絕對好過你當自己的主宰。為什麼我敢這樣說？因為除了我自己之外，沒有人為我帶來更多傷害、羞辱、罪惡與痛苦。他全都看在眼裡，而他拯救了我。就卸下面具、將自己交託給他吧！他一定會拯救你的，就像他救了我一樣。

累了嗎？倦了嗎？為宗教精疲力盡了嗎？到我這裡來吧。和我一起走，你將重獲生命力。我會讓你知道怎麼真正休息。跟我走，和我一起工作——好好看看我怎麼做。學著聽恩典自然的節奏，我不會把沉重或不適合你的東西放在你身上。與我同行，你會學到如何自由、輕鬆地過活。[1]

歡迎與我聯絡，我很希望聽聽你對這本書的回應！

1 意譯〈馬太福音〉（瑪竇福音）11章28–30節。

來自傑夫的邀請

嗨！大家好！

如果你一路看到這裡了，我真該給你一個大大的擁抱，好好感謝你。閱讀是個很特別的過程，越讀會越覺得自己和一個人越來越熟，一路上同意他、反對他、和他笑、和他哭、和他討論。

這個過程唯一的缺憾是它是單行道。我會興起寫這本書的念頭，當然是想將它放在你手裡，陪你走上一段路。我喜歡寫作，但寫書有個缺點：我只能單向地跟你說我的故事與想法，卻沒辦法聽到你的故事、你的旅程，還有你的感想。

所以我想我該主動一點，先打破尷尬自我介紹一下。首先，我娶了位超好的太太艾莉莎，我想你在閱讀過程中應該已經看過幾十遍了，但我還是忍不住要寫。我倆現在住在華盛頓州塔科馬附近，養了隻名叫亞斯藍（Aslan）的拉布拉多狗（會取這個名字，當然是因為我很迷《納尼亞傳奇》）。我最近也和人合夥創業，開了家叫「克拉洛燭光」（Claro Candles）的公司，透過販售高品質蠟燭募集資金，希望能喚起大家對某些議題的關懷，並為社會上的不公不義帶來光明。週間我通常從事創作（如寫詩、拍短片、寫作等），也在鎮上幫忙大學牧養工作。放假時，我和艾莉莎一起閱讀，看 Netflix 頻道的老片子。

嗯，我想這樣應該算自我介紹完了（也希望我的人生不只是如此而已！）我很希望能聽聽你的故事，不管跟這本書的內容有沒有關係都好。我的聯絡方式如下，請別拘束，無論是問問題、批評指教，或只是問候一下，我全都歡迎！

推特：www.twitter.com/jeffersonbethke

臉書：www.facebook.com/jeffersonbethkepage

Youtube：www.youtube.com/bball1989

Instagram：www.instagram.com/jeffersonbethke

Pinterest：www.pinterest.com/jeffersonbethke

謝詞

給艾莉莎：我生命中美麗而奇妙的摯愛，沒有妳不斷的鼓勵、啟發與犧牲，這本書真的不可能完成。妳願意下嫁於我，我至今仍深感榮幸，能與妳共度一生，我深深感恩。

給我的家人：謝謝你們一直支持我！我知道不論發生什麼事，你們都會是我的後盾。謝謝你們教了我如何愛、如何生活、如何服事。

給席伊麗（Sealy）、克提斯（Curtis）和馬特（Matt）：謝謝你們相信我！沒有你們給我這個機會，這本書不可能問世。謝謝你們可貴的指引、建議與好意。

給史提夫（Steve）：你真是位偉大的良師！謝謝！因為有你，我更深刻地學到了如何愛、如何笑、如何追隨耶穌。

給傑佛（Jeff）：謝謝你過去一年的情義相挺。一年來四處接受訪問、當空中飛人，沒有你的幫忙我真的熬不過來！

給馬特：謝謝你願意幫我拍第一首詩的影片，與你並肩作戰真是快事一件！謝謝你一路支持，不斷拍出我們都很在乎的優質影片！

給安琪拉（Angela）：謝謝妳在寫作過程中給我這麼多幫助！妳真的天生就是這個領域的專業人才。沒有妳的話，這本書的面目將大不相同。與妳合作十分愉快！

致 Thomas Nelson 出版社：感謝你們願意出版這本書！貴社工作團隊和藹親切，惠我良多，謹此致謝。

國家圖書館出版品預行編目資料

耶穌比宗教大：我熱愛耶穌，爲什麼卻討厭宗教？ / 傑弗森.貝斯齊(Jefferson Bethke)著；朱怡康譯. -- 初版. -- 臺北市：啓示出版：家庭傳媒城邦分公司發行, 2014.05
面；　公分. -- (Soul系列；42)
譯自：Jesus > Religion : Why He Is So Much Better Than Trying Harder, Doing More, and Being Good Enough

ISBN 978-986-7470-90-4(平裝)

1.耶穌(Jesus Christ)　2.基督徒

244.9　103007439

Soul系列042

耶穌比宗教大：我熱愛耶穌，為什麼卻討厭宗教？

作　　者／傑弗森．貝斯齊（Jefferson Bethke）
譯　　者／朱怡康
企畫選書／彭之琬、周品淳
總 編 輯／彭之琬
責任編輯／周品淳

版　　權／吳亭儀
行銷業務／何學文、莊晏青
總 經 理／彭之琬
發 行 人／何飛鵬
法律顧問／台英國際商務法律事務所羅明通律師
出　　版／啓示出版
台北市104民生東路二段141號9樓
電話：(02) 25007008　傳眞：(02)25007759
E-mail:bwp.service@cite.com.tw
發　　行／英屬蓋曼群島商家庭傳媒股份有限公司 城邦分公司
台北市中山區民生東路二段141號2樓
書虫客服服務專線：02-25007718；25007719
服務時間：週一至週五上午09:30-12:00；下午13:30-17:00
24小時傳眞專線：02-25001990；25001991
劃撥帳號：19863813；戶名：書虫股份有限公司
戶名：英屬蓋曼群島商家庭傳媒股份有限公司城邦分公司
訂購服務／書虫股份有限公司客服專線：（02）2500-7718；2500-7719
服務時間：週一至週五上午09:30-12:00；下午13:30-17:00
24時傳眞專線：（02）2500-1990；2500-1991
劃撥帳號：19863813 戶名：書虫股份有限公司
讀者服務信箱：service@readingclub.com.tw
城邦讀書花園：www.cite.com.tw
香港發行所／城邦（香港）出版集團有限公司
香港灣仔駱克道193號東超商業中心1樓；E-mail：hkcite@biznetvigator.com
電話：(852) 25086231　傳眞：(852) 25789337
馬新發行所／城邦（馬新）出版集團 Cite (M) Sdn. Bhd.
41, Jalan Radin Anum, Bandar Baru Sri Petaling, 57000 Kuala Lumpur, Malaysia.
Tel: (603) 90578822　Fax: (603) 90576622　Email: cite@cite.com.my

封面設計／陳威伸
排　　版／極翔企業有限公司
印　　刷／城邦印書館股份有限公司
經 銷 商／高見文化行銷股份有限公司、華宣出版有限公司

■2014年5月6日初版
■2023年1月9日初版20刷
定價300元　Printed in Taiwan

城邦讀書花園
www.cite.com.tw

 ISBN 978-986-7470-90-4

啟示出版 Apocalypse Press

廣	告	回	函
北區郵政管理登記證			
北臺字第000791號			
郵資已付，免貼郵票			

104　台北市民生東路二段141號2樓

英屬蓋曼群島商家庭傳媒股份有限公司城邦分公司　收

請沿虛線對摺，謝謝！

啟示出版 Apocalypse Press

書號：1MA042　　書名：耶穌比宗教大

請於此處用膠水黏貼

啟示 Apocalypse Press 出版

讀者回函卡

感謝您購買我們出版的書籍！請費心填寫此回函卡，我們將不定期寄上城邦集團最新的出版訊息。

姓名：＿＿＿＿＿＿＿＿＿＿＿＿＿＿＿＿＿ 性別：□男 □女

生日：西元＿＿＿＿＿＿年＿＿＿＿＿＿月＿＿＿＿＿＿日

地址：＿＿＿＿＿＿＿＿＿＿＿＿＿＿＿＿＿＿＿＿＿＿＿＿

聯絡電話：＿＿＿＿＿＿＿＿＿＿＿＿ 傳真：＿＿＿＿＿＿＿＿＿＿

E-mail ：

學歷：□ 1. 小學 □ 2. 國中 □ 3. 高中 □ 4. 大學 □ 5. 研究所以上

職業：□ 1. 學生 □ 2. 軍公教 □ 3. 服務 □ 4. 金融 □ 5. 製造 □ 6. 資訊

□ 7. 傳播 □ 8. 自由業 □ 9. 農漁牧 □ 10. 家管 □ 11. 退休

□ 12. 其他＿＿＿＿＿＿＿＿＿＿＿＿＿＿＿＿＿＿＿＿

您從何種方式得知本書消息？

□ 1. 書店 □ 2. 網路 □ 3. 報紙 □ 4. 雜誌 □ 5. 廣播 □ 6. 電視

□ 7. 親友推薦 □ 8. 其他＿＿＿＿＿＿＿＿＿＿＿＿＿＿＿＿

您通常以何種方式購書？

□ 1. 書店 □ 2. 網路 □ 3. 傳真訂購 □ 4. 郵局劃撥 □ 5. 其他＿＿＿＿

您喜歡閱讀那些類別的書籍？

□ 1. 財經商業 □ 2. 自然科學 □ 3. 歷史 □ 4. 法律 □ 5. 文學

□ 6. 休閒旅遊 □ 7. 小說 □ 8. 人物傳記 □ 9. 生活、勵志 □ 10. 其他

對我們的建議：＿＿＿＿＿＿＿＿＿＿＿＿＿＿＿＿＿＿＿＿＿＿

＿＿＿＿＿＿＿＿＿＿＿＿＿＿＿＿＿＿＿＿＿＿＿＿＿＿＿＿＿

＿＿＿＿＿＿＿＿＿＿＿＿＿＿＿＿＿＿＿＿＿＿＿＿＿＿＿＿＿

請於此處用膠水黏貼